VISUAL

日経文庫 ビジュアル

ゲーム理論

渡辺隆裕
WATANABE TAKAHIRO

日本経済新聞出版社

まえがき

　ゲーム理論は2人以上のプレイヤー（個人、企業、政府など）が競争や協力を行う状況や問題を数学によって理論化したものです。経済学を中心に経営学、政治学、社会学などの社会科学はもちろん、生物学やコンピュータの研究においても広く用いられています。

　囚人のジレンマをはじめ、チキンゲーム、モラルハザード、インセンティブ、リスク分担、逆選択など、皆さんが日常で耳にするキーワードもゲーム理論と深い関係があります。

「ゲーム理論について、よく知りたい、学びたい」という声を受け、筆者は2004年に『〈図解雑学〉ゲーム理論』をナツメ社から出版しました。おかげさまでこの本は多くの方に読まれ好評価を頂き、長く愛されてきました。しかし10年以上が過ぎ残念ながら絶版となり、その一方でゲーム理論の研究も進み、また読者のもつ知識やニーズにも変化が出てきました。そこで、マッチング理論などの最近の話題も盛り込み、大幅に改訂してリニューアルしたものが本書です。

〈図解雑学〉では数式をあまり用いずに、概念や解の求め方などの理論部分を説明するとともに、キーワードについて例や説明もバランス良く盛り込んだ本を目

指しました。このような欲張りな目標も「図解」という方法をうまく用いることで達成でき、大学のゼミのテキストとして使われることもしばしばで、「『雑学』という言葉が合わないテキストとしても使える本だ」とも言われました。

　その後、本務である首都大学東京のビジネススクールの講義や企業の講演などで頂いた質問や意見で、〈図解雑学〉で説明不足の点やわかりにくい点などに気づくことができました。今回のリニューアルでその点を改善することもでき、「痒いところに手が届く」本になったと自負しています。

　日本経済新聞出版社の堀口祐介さんには本書を出版する機会を頂くとともに執筆を支えて頂き、大変感謝致しています。またいつも執筆を励ましてくれる私の妻にもこの場を借りて感謝したいと思います。

　本書を通じて、楽しく魅力的なゲーム理論を知り、その理解を深め、さらなる学習へ発展して頂けることを願ってます。

2019年4月

　　　　　　　　　　　　　　　　　　渡辺　隆裕

ビジュアル　ゲーム理論
目　次

第1章　ゲーム理論を学ぶ

1. ゲーム理論とは何か ……………………………………… 10
2. 幅広い応用分野 …………………………………………… 12
3. なぜゲーム「理論」なのか？──理論による理解 …… 14
4. 数学を用いたゲーム理論の力 …………………………… 16
5. 理論による説明とデータによる説明 …………………… 18

Coffee Break ❶　フォン・ノイマンとゲーム理論 ……… 20

第2章　基本──同時ゲームか交互ゲームか

6. 同時ゲームと交互ゲーム ………………………………… 22
7. 同時ゲームを構成する３つの要素 ……………………… 24
8. 同時ゲームの例①　文秋 vs. 新朝 PART1
   ──特集記事競争 ……………………………………… 26
9. 利得行列を書いて分析しよう …………………………… 28
10. 「支配戦略」を探せ ……………………………………… 30
11. ゲームの結果＝ゲームの解 ……………………………… 32
12. 同時ゲームの例②　文秋 vs. 新朝 PART2 ……………… 34
13. どちらか一方だけに支配戦略があるとき ……………… 36
14. 支配戦略に対する最適な戦略を選択する ……………… 38
15. 同時ゲームの例③　文秋 vs. 新朝 PART3 ……………… 40
16. ナッシュ均衡とは？ ……………………………………… 42
17. 読み合う先に行き着く結果 ……………………………… 44
18. ゲームの解はナッシュ均衡で決まり！ ………………… 46

19 交互ゲームの例　文秋 vs. 新朝 PART4 ……… 48
20 交互ゲームでは「ゲームの木」で考える ……… 50
21 交互ゲームも同時ゲームも思考法は同じ ……… 52
22 「先読み」で考えよ ……… 54
23 交互ゲームにおけるゲームの解 ……… 56
24 バックワードインダクション ……… 58
25 交互ゲームの戦略とナッシュ均衡 ……… 60
Coffee Break❷　将棋や囲碁とゲーム理論 ……… 62

第3章　応用──チキンゲーム、インセンティブ、囚人のジレンマ

26 チキンゲーム ……… 64
27 チキンゲームとフォーカルポイント ……… 66
28 ゲームを変えろ！　コミットメント ……… 68
29 先手が有利か、それとも後手が有利か？ ……… 70
30 インセンティブとゲーム理論 ……… 72
31 努力に対する報酬のインセンティブ ……… 74
32 報酬と罰則によるwin-winの契約 ……… 76
33 交渉をゲーム理論で考える ……… 78
34 交渉の利益と余剰の分配 ……… 80
35 最後通牒ゲーム ……… 82
36 最後通牒ゲームと実験経済学 ……… 84
37 オークション ……… 86
38 競り ……… 88
39 インターネットオークションと自動入札方式 ……… 90
40 セカンドプライスオークション ……… 92
41 収益等価定理 ……… 94
42 囚人のジレンマ──2国の環境汚染を例に ……… 96

43 囚人のジレンマの由来 …… 98
44 囚人のジレンマの条件 …… 100
Coffee Break ❸ コーディネーションゲーム …… 102

第4章 発展──循環多数決、繰り返しゲーム、トリガー戦略

45 交互ゲームと同時ゲームの混合形 …… 104
46 部分ゲームと部分ゲーム完全均衡 …… 106
47 決定の順序と戦略的投票 …… 108
48 循環多数決 …… 110
49 戦略的投票──ゲーム理論で考える …… 112
50 繰返しゲーム …… 114
51 有限回の繰返しゲーム …… 116
52 無限回の繰返しゲーム …… 118
53 トリガー（引き金）戦略 …… 120
54 協力の達成とフォーク定理 …… 122
55 アクセルロッドの実験とオウム返し戦略 …… 124
56 スポーツの戦略とゲーム理論 …… 126
57 ナッシュ均衡のないゲーム …… 128
58 期待値を考え、ゲームの解を求める …… 130
59 戦略的思考の神髄 …… 132
Coffee Break ❹ ナッシュ博士と
　　　　　　　　　『ビューティフル・マインド』 …… 134

第5章 不確実性と情報──モラルハザード、逆選択、マッチング

60 不確実な状況下でのゲーム理論 …… 136
61 期待値と期待金額とリスク …… 138

62 利得の期待値──期待利得 ……………………… 140
63 モラルハザード ……………………………………… 142
64 モラルハザードのモデル …………………………… 144
65 逆選択──相手の「属性」がわからない ………… 146
66 ベイズの定理 ………………………………………… 148
67 ベイズの定理とゲーム理論 ………………………… 150
68 行動と情報──資格試験を例に …………………… 152
69 資格が正しい情報となる条件 ……………………… 154
70 シグナリング、コスト、事前確率 ………………… 156
71 不完備情報ゲームとベイズ完全均衡 ……………… 158
72 マッチングとメカニズムデザイン ………………… 160
73 マッチングの安定性 ………………………………… 162
74 受入保留方式 ………………………………………… 164
75 耐戦略性、メカニズムデザイン、
　　　マーケットデザイン ………………………………… 166
Coffee Break ❺ 混雑ゲームとポテンシャルゲーム …… 168

第6章 大きく広がるゲーム理論

76 新しいゲーム理論 …………………………………… 170
77 進化ゲーム理論 ……………………………………… 172
78 コンピュータとゲーム理論 ………………………… 174
79 実験経済学と行動ゲーム理論 ……………………… 176
80 もう1つのゲーム理論──協力ゲーム …………… 178
Coffee Break ❻ シャープレイ値と投票力指数 ………… 180

文献案内　181

第 1 章

ゲーム理論を学ぶ

1 ゲーム理論とは何か

▶ 2人以上の「プレイヤー」の意思決定を扱う理論

ゲーム理論は、2人以上のプレイヤーの行動や意思決定を分析する理論です。ここでいう「プレイヤー」とは、人間だけでなく、国家、企業、組織など、さまざまな「意思決定を行う単位」を表します。これらのプレイヤーが直面するビジネス・政治・外交・組織・市場におけるさまざまな問題を、ゲーム理論は分析の対象とします。

このような問題において、「プレイヤー」はお互いに行動を読み合いながら、競争したり協調したりします。これらを「プレイヤーがゲームをしている」と考えて分析することから、ゲーム理論という名前がつけられています。

▶ 経済学から誕生

ゲーム理論は、経済学の中で大きく発展してきました。

ゲーム理論ができる前の経済学では、消費者や企業が多数存在し、それら1つひとつの主体の行動は相手に影響を及ぼさない「完全競争市場」を想定して理論が作られていました。しかし、現実の経済では、政府や少数の企業が、自分の行動が相手に影響を及ぼすような状況で、戦略的思考をめぐらせながら意思決定をしています。このような状況を分析するための理論が必要とされたのです。

そうした中、1944年に数学者J・フォン・ノイマンと経済学者O・モルゲンシュテルンは『ゲームの理論と経済行動』というタイトルの本を出版し、複数の主体が意思決定をして行動する理論の枠組みを提示しました。これがゲーム理論の始まりです。

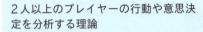

ゲーム理論とは?

ゲーム理論 → 2人以上のプレイヤーの行動や意思決定を分析する理論

- **プレイヤーが「個人」の場合**
  人間関係、夫婦関係、営業、恋愛、価格の交渉、就職・転職など

- **プレイヤーが「企業」の場合**
  企業間競争と協力、交渉、M&A、特許とR&D、契約、入札、経営組織など

- **プレイヤーが「国家」の場合**
  貿易交渉、通貨政策、軍拡競争、環境問題と地球温暖化、戦争など

ゲーム理論の始まり

1944年のフォン・ノイマンとモルゲンシュテルン著『ゲームの理論と経済行動』がゲーム理論の始まり

2 幅広い応用分野

▶ 経済学における大ブレイク

　1980年代になると、ゲーム理論はその「一般理論」から、経済学の個別分野である産業組織論・国際経済学・契約と組織の理論などに応用され始め、やがて結果と問題点がゲーム理論自身にフィードバックされ、互いに発展していきました。このようにして80年後半には多くの雑誌や学会でゲーム理論を使った論文が発表され、大きな波が生まれたのです。応用のためのさまざまなツールは、半世紀近くの研究を経て整いました。94年には、初期のゲーム理論に貢献したナッシュ、ゼルテン、ハルサニーの3人にノーベル経済学賞が授与され、ゲーム理論はその地位を確固たるものにしました。その後もゲーム理論を基礎として発展した分野（産業組織論、メカニズムデザイン、マーケットデザインなど）の研究者にノーベル経済学賞が次々と与えられていきます。

▶ あらゆる分野で用いられる

　ゲーム理論は、「プレイヤーが合理的に戦略を選ぶ」というシンプルな枠組みで、統一的に社会のさまざまな問題を解くことができます。このため近年では、経済学だけではなく、政治学・社会学・経営学・法学などでも用いられています。

　最近は、動物の行動や生物の進化を分析するために、生物学で用いられたりもしています。また、人間だけではなくコンピュータの利己的で戦略的な行動を織り込んで、より良いシステムやネットワークの設計を行うために情報学や計算機科学においても盛んに研究されています。今や、どの分野においてもゲーム理論は欠かせないツールとなりつつあります。

ゲーム理論の応用分野

経済学
市場競争、産業組織論、公共経済学、組織と契約の経済、都市経済学、ファイナンス、労働、貿易、財務など

経営学
交渉、入札、企業組織、人的資源管理、投資、物流と市場調達など

社会学
社会的ジレンマ、環境問題、家族、都市、制度と慣習など

政治学
投票ルールの設計、政治家と官僚行動、投票行動、政党の協力と提案など

法学
和解と訴訟、法経済学など

応用数学
位相幾何学、確率論、組み合わせ理論など

情報科学
シミュレーション、マルチエージェント理論など

生物学
進化生物学、種の保存、共生、適応、動物社会学、遺伝など

この他にも、ゲーム理論はありとあらゆる分野に取り入れられている

3 なぜゲーム「理論」なのか？
──理論による理解

▶ ニュースの株式市場に対するコメント

いつの頃からか、毎日のニュースの終わりにその日の株式市場の概況とコメントがつけられるようになりました。「首相の所信表明演説が、市場には景気回復の期待をもって受け入れられ、株は全面高の展開で……」と好況を伝えるニュースを聞いていた友人は、「きっと、株が下がっていたら『首相の演説が、景気回復には結びつかないという落胆をもって迎えられ……』とか言うんだろうな」とつぶやきました。彼はニュースの「市場関係者のコメント」をあまり意味がないものと考えているようです。

▶ 行き当たりばったりではない説明

その場の状況に応じて、もっともらしい説明をして、皆を納得させるのが上手な人はたくさんいます。ニュースのコメントや評論にはその類のものが多くあり、私たちは物事をよく理解した気になったりもします。

しかし、このような説明は場当たり的になりがちです。バブルの頃は土地取引に対して「政府はなぜ規制しないのか」と文句を言っていた評論家や政治家が、不況の際には「もっと土地取引を自由にして市場原理が働くようにすべきだ」と節操のない発言をするのを私たちは見てきました。

場当たり的ではない、「整合的」で「一貫性のある」説明には「理論」が必要です。社会や経済にある多くの問題を、理論的に説明しようとするゲーム理論が注目されてきた背景には、人々がこのような「理論」を求めているということがあるのではないかと思います。

ニュースの株式市場に対するコメント

首相の所信表明演説が景気回復への期待をもって受け入れられ、株価は上昇し……

 もし下がっていたら？

首相の所信表明演説が景気回復にはつながらないとの観測が市場に広がり、株価は急落……

理論や原則をもたない状況に応じた説明・コメント

このような場当たり的な説明では、理解したような気にはなるが、予測や意思決定には結びつかない

 ゲーム理論 ⇒ 同じ理論で経済のさまざまな現象や社会、政治、日常生活などを捉える

ゲーム理論が注目されている理由の1つに、その「整合性」と「一貫性」を人々が求めている、ということがあげられる

4 数学を用いたゲーム理論の力

▶ 1次方程式の応用範囲

　整合的で一貫した説明を与える理論を構築するには、さまざまな現実を抽象化・一般化して「モデル」として捉えて、少ない原理で多くの問題が解ける、ということが必要になります。数学を使ったゲーム理論であるからこそ、それが可能になりました。

　突然ですが、「40x＝120」という1次方程式で解ける問題を考えてみましょう。「40円のりんごは120円で何個買えるか」「時速40kmの車で120kmの道のりを走ると何時間かかるか」「120ヘクタールの農地を40ヘクタールの土地に分割すると、何区画になるか」……など、この1次方程式で解くことができる問題は数多くあります。

　1次方程式の解き方自体は簡単ですが、それが応用できる現実の問題は無限といっても良いでしょう。このような1次方程式の例は、現実を抽象化・モデル化し「基本は少なく、応用は無限」という数学の力を私たちに感じさせてくれます。ゲーム理論の力もこれと同じようなものなのです。

▶ 数学を背景としたゲーム理論の実力

　この本では数学をできる限り用いずに、図や表によってゲーム理論を説明しています。また、第2章にある基本的なゲーム理論の原理さえ理解すれば、第3章、第4章の多くの例や問題が解けるように構成し、「覚える原理は少なく、応用は多く」というゲーム理論の良さを実感していただけるようにしています。

1次方程式の応用範囲

1次方程式を解くこと自体は数学だが、応用は日常生活、科学、経済など、あらゆる分野に用いられる

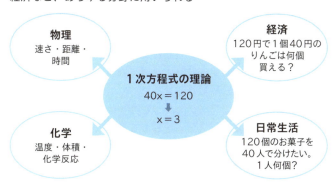

ゲーム理論の応用範囲

ゲーム理論も1次方程式と同様に、さまざまな分野に応用できる

5 理論による説明とデータによる説明

▶ 統計学との違い

　ゲーム理論は社会科学に数学を用いることから、「統計学と同じようなもの？」とよく聞かれます。ビッグデータ時代の到来で統計学に関する興味も大きくなり、このような質問もよく受けるようになりました。

　統計学は、過去のデータによって現在を説明するものです。しかし新しい制度やシステムを設計すると、人々の行動が変わり、過去のデータが当てはまらなくなります。たとえばある交通機関を年間100万人が利用するというデータがあったとしても、「運賃を10円値上げすると年間で1,000万円の増収になる」と考えるのは誤りで、値上げによる利用客の減少を考慮しなければなりません。このとき、人々の行動がどのように変化するかを考えるために（ミクロ経済学やゲーム理論のような）、何らかの「理論」が必要となります。

▶ 自然科学にはない新しい考え方

　制度の変更はなくとも、過去のデータの公表だけでも、人々の行動は変わります。「与党圧勝の選挙結果というデータを公表したところ、有権者のバランス感覚が働いて、予想より野党が躍進した」などがその例です。「自分の行動が相手にどう影響するのかを織り込んで、自分の行動を考える」という考え方は、ゲーム理論の核となる考え方であるといえます。

　以上、ゲーム理論の簡単な歴史と、なぜ注目されているのかについて見てきました。前おきはこのくらいにして、ゲーム理論とはどんな理論なのか、さっそく見ていくことにしましょう。

過去のデータは未来には当てはまらない

①新しい制度やシステムは人々の行動を変える
②予測や分析結果の発表が人々の行動を変える

統計分析では不十分
未来を予測するための「理論」が必要

データによる予測は、人々の行動を変える

株の暴落日を予測して発表	暴落前にみんなが売るので、予測日以前に暴落
選挙で与党圧勝を予測して発表	有権者のバランス感覚が働いて与党は苦戦
授業の終わりに教室に入ってくる学生が多いので、最初に出席を取る	出席を取り終わったら、教室を抜け出す生徒が増加

ゲーム理論の考え方は、自然科学にはなかった新しい考え方で、社会科学を解き明かすのに適した理論

フォン・ノイマンとゲーム理論

　ゲーム理論を作った数学者フォン・ノイマンは、1903年にハンガリーに生まれました。ユダヤ人であったノイマンは、ナチスからの迫害を逃れる意味もあり、1930年にアメリカへ渡りプリンストン大学の教授となります。そこで、かねてからノイマンの論文に興味をもっていた経済学者のモルゲンシュテルンに誘われて共同研究を行い、論文の内容を『ゲームの理論と経済行動』という著書に拡張して、発表しました。これがゲーム理論の出発点となりました。

　ノイマンはゲーム理論以外にも数学や物理学で多くの業績をあげています。また、現在の計算機の基本的概念を産み出したことから「コンピュータの父」ともいわれています。まさに天才と呼ぶにふさわしい人物です。

　晩年には、原爆の製造計画（マンハッタン計画）をはじめとする核兵器開発に携わりました。1957年に53歳の若さで亡くなりましたが、核兵器開発の実験の際に浴びた放射能が原因といわれています。

第 2 章

基本
同時ゲームか交互ゲームか

6 同時ゲームと交互ゲーム

▶ 基礎となる2種類のゲーム

ゲーム理論は多くの理論によってできています。この章では、同時ゲーム（戦略形ゲーム）と交互ゲーム（完全情報展開形ゲーム）という代表的な2種類のゲームを考えます。

▶ 他のプレイヤーのそれまでの行動がわかるかどうか

本書では、すべてのプレイヤーが同時に行動するゲームを同時ゲーム、各プレイヤーが順番に行動するゲームを交互ゲームと呼びます。典型的な例では、じゃんけんが同時ゲーム、チェスや将棋などは交互ゲームです。

交互ゲームは、プレイヤーが順番に行動するというよりはむしろ、自分の前に行動した他のプレイヤーの選択がすべてわかることが重要です。2人でじゃんけんをするときに、1人がグー・チョキ・パーのどれかを紙に書いて相手に見えないように封筒にしまい、その後にもう1人がグー・チョキ・パーのどれであるかを宣言し、封筒を開けて勝負を決めるような方法を考えてみましょう。この方法は、普通の同時に行うじゃんけんと変わりはありません（手間はかかりますが）。

このように、それ以前に行動した相手の行動がすべてわからないときは、たとえ順番に行動したとしても、同時ゲームです。相手の価格を知らずに自分の価格を決める入札なども同時ゲームです。

一般的なゲーム理論では、前に行動したすべてのプレイヤーの選択はわからないが、一部がわかるような、同時ゲームと交互ゲームの合成されたゲーム（不完全情報展開形ゲーム）もあります。これは第5章以降で扱います。

同時ゲームと交互ゲーム

同時ゲーム → 相手の行動を知らずに、自分の行動を選択

（戦略形ゲーム）

グー

チョキ

パー

じゃんけん

公共事業入札

交互ゲーム → 自分の前に行動した相手が、どのような行動をしたかがすべてわかる

（完全情報展開形ゲーム）

将棋やチェス

じゃあ85万円！

80万円！

競り・公開オークション

不完全情報ゲーム → 同時とも交互とも言えない複雑で一般的なゲーム

7 同時ゲームを構成する3つの要素

▶ プレイヤー、戦略、利得

　ゲーム理論のもっとも基本的な形は同時ゲームです。この同時ゲームを構成する3つの要素は、プレイヤー、戦略、利得です。同時ゲームでは、まずこれらの3要素が何であるかをしっかりと決めなければなりません。

　プレイヤー＝意思決定の単位、戦略＝行動、利得＝利益

　プレイヤーとは、ゲームをする主体であり、意思決定の単位です。じゃんけんや将棋のプレイヤーは個人ですが、価格競争の場合は企業、外交戦略の場合は国家など、問題に応じてプレイヤーは変わります。

　戦略とは、同時ゲームではプレイヤーが選択できる行動を意味します。たとえば、じゃんけんの場合は、グー・チョキ・パーの3つが戦略です。また、企業の価格競争の場合には、価格そのものが戦略となります。

　利得とは、プレイヤーが各戦略を選んだとき、その結果が各プレイヤーに与える利益や便益を数値で表したものです。たとえば、じゃんけんでは、勝者の利得を1、敗者の利得を－1、引き分けを0で表します。企業の価格競争の場合では、企業の利潤を利得と考えたりします。

▶ 利得は正確な数値でなくて良いことも

　国家の外交戦略、恋愛における男女の駆け引きのように、プレイヤーの利得を数値で表すことが難しい場合もありますが、確率や繰り返しのないゲームでは利得を正確に数値で示さなくとも、3点、2点、1点……と結果が好ましい順に得点を割り当てることで十分に問題を解くことができます。

同時ゲームの3要素

プレイヤー
ゲームをする主体・意思決定の単位

 VS.
個人

 VS.
企業

国家

戦略
プレイヤーが選択できる行動

グー　　チョキ　　パー
じゃんけん

¥80　　¥90
価格競争

利得
ゲームの結果（プレイヤーが選択した戦略の組み合わせ）が各プレイヤーに与える利益

＋1　　－1
グー　　チョキ

＋80億円　＋20億円
利潤

利得は正確でなくても、プレイヤーが好む順に点数がついていれば良い

8 同時ゲームの例① 文秋 vs. 新朝 PART1——特集記事競争

▶ もっとも基本的なゲーム——2人同時ゲーム

　もっとも基本的なゲームは、プレイヤーが2人で戦略が2つの同時ゲームで、2×2ゲームと呼ばれます。以下、2つの週刊誌の特集記事競争を例に取り、2×2ゲームを考察していくことにしましょう。

▶ どちらの特集を組むべきか？

　週刊誌「週刊文秋」と「週刊新朝」は、毎週1つの大きな特集記事を組み、電車の中吊りで大々的な広告を打ち、読者を獲得しています。今週は大きな特集が2つ考えられています。1つは「総理に新たな『天ぷらソバ』疑惑」で、もう1つは「仮想通貨は本格化するか。高騰する仮想通貨は何か」です。

　毎週、特集記事に応じてどちらか興味のある週刊誌を1冊買う可能性のある読者が100万人おり、2つの週刊誌は毎週読者を取り合って競争しています。

　このうち今週は70万人が「総理疑惑」の記事に興味をもっていて、残りの30万人は「仮想通貨」の記事に興味をもっているとしましょう。

　もし2つの週刊誌が違う特集を組めば、興味をもっている読者はすべて獲得でき、同じ特集を組めば興味をもっている読者を半々に獲得できるものとします。

　両誌は、同じ日に発売され、広告も同時に出すため、相手の特集を知らずに自分の特集記事を決めなければなりません。両誌は、どちらの特集を組めば良いでしょうか。

文秋 vs. 新朝　PART1

新朝と文秋は、どちらの記事を選ぶべきか？

― 週刊文秋 vs. 週刊新朝　特集記事競争 ―

 VS.

特集1

◀

興味のある読者

70万人

特集2

30万人

別々の特集 ➡ 興味のある読者をすべて獲得
同じ特集 ➡ 興味のある読者を半分ずつ獲得

9 利得行列を書いて分析しよう

▶ 特集記事競争における３要素

8の例は、同時ゲームの典型的なモデルです。この同時ゲームを構成する３要素は以下のようになります。

①プレイヤー：「週刊文秋」と「週刊新朝」
（以下、「文秋」と「新朝」と省略します）

②戦略：どちらのプレイヤーも「総理疑惑」と「仮想通貨」の特集記事のどちらを選択すべきかという２つの戦略をもっています。
（以下、「疑惑」と「通貨」と省略します）

③利得：ここでは獲得した読者を利得と考えます。たとえば、文秋が「疑惑」という戦略を、新朝が「通貨」という戦略を、それぞれ選択したとします。この場合、文秋の利得は70万人、新朝の利得は30万人となります（以下、利得の単位「万人」は省略します）。

▶ 利得行列＝早見表

以上の３要素を簡単に表現する方法が利得行列です。上記の例を利得行列で表現したものが、次ページにあります。

利得行列では、文秋は「疑惑」か「通貨」かの横の２行のうち１つを選択します。同時に、新朝は「疑惑」か「通貨」かの縦の２列のうち１つを選択します。２人のプレイヤーが選択した行と列の交わったところがゲームの結果で、カッコ内の２つの数値は２人のプレイヤーの利得を表しています。左側が文秋の利得で、右側が新朝の利得です。

利得行列とは？

利得行列 → 同時ゲームの3要素（プレイヤー、戦略、利得）をわかりやすく表したもの

新朝は「疑惑」か「通貨」かの列を選択

文秋＼新朝	疑惑	通貨
疑惑	(35, 35)	(70, 30)
通貨	(30, 70)	(15, 15)

文秋は「疑惑」か「通貨」かの行を選択

左側には文秋の利得　右側には新朝の利得

たとえば、文秋が「疑惑」、新朝が「通貨」という戦略を選択すると……

新朝が「通貨」を選択

文秋＼新朝	疑惑	通貨
疑惑	(35, 35)	(70, 30)
通貨	(30, 70)	(15, 15)

文秋が「疑惑」を選択

結果は……
文秋の利得 70
新朝の利得 30

10 「支配戦略」を探せ

▶ 相手の行動をシミュレーションする

利得行列を書いた後は、そのゲームの結果がどうなるかを考えます。同時ゲームを解くためには、

> 思考法①：各プレイヤーの立場になって考える
> 思考法②：各プレイヤーの立場で、そのプレイヤー以外のすべての行動を考え、それに対して一番良い戦略を探す

という2つの思考法を実行します。この思考法に立って、考えてみましょう。まず思考法①に従い、自分が「文秋」の立場になります。そして思考法②に従い、「新朝」のあらゆる行動を想定して、どの戦略が一番良いかを考えてみましょう（次ページ参照）。

相手（新朝）が「疑惑」を選択したと想定すると、自分（文秋）は「疑惑」を選択する（利得35）ほうが「通貨」を選択する（利得30）よりも良い選択となります。

次に相手が「通貨」を選択したと想定すると、自分はやはり「疑惑」を選択する（利得70）ほうが「通貨」を選択する（利得15）よりも良い選択となります。

▶ 相手の戦略にかかわらず、他の戦略より良い戦略

結果、相手（新朝）がどの戦略を選択しても、自分にとって「疑惑」を選択したほうが、「通貨」を選択するより利得が高くなります。このような、相手のどんな戦略に対しても、自分にとって他の戦略より良い戦略を、（自分の）支配戦略と呼びます。

ゲームを解く

思考法①：各プレイヤーの立場に立つ

文秋の立場になって考えてみよう！

思考法②：相手（新朝）の行動をシミュレーションし、相手のあらゆる行動に対して、それぞれ一番良い戦略を考える

新朝が「疑惑」を選択すると？

文秋＼新朝	疑惑	通貨
「疑惑」を選ぶと利得35 → 疑惑	(**35**, 35)	(70, 30)
「通貨」を選ぶと利得30 → 通貨	(**30**, 70)	(15, 15)

この場合は「疑惑」を選ぶほうが良い！

新朝が「通貨」を選択すると？

文秋＼新朝	疑惑	通貨
「疑惑」を選ぶと利得70 → 疑惑	(35, 35)	(**70**, 30)
「通貨」を選ぶと利得15 → 通貨	(30, 70)	(**15**, 15)

やはり「疑惑」を選ぶほうが良い！

支配戦略 → 相手がどの戦略を選択しても、自分にとって他の戦略より良い戦略

11 ゲームの結果＝ゲームの解

▶ お互いに支配戦略があるときは、お互いにその戦略を選ぶ

文秋にとって「疑惑」という戦略は、相手がどんな戦略を選んでも、自分にとって他のどの戦略より良い戦略、すなわち支配戦略であることがわかりました。

▶ 新朝の立場から考えると

10の思考法①に従い、今度は自分が「新朝」の立場になります。そして、思考法②に従い相手（文秋）のあらゆる行動を想定し、どの戦略が一番良いか考えます。文秋が「疑惑」を選択したと想定すると、新朝は「疑惑」を選択する（利得35）ほうが「通貨」を選択する（利得30）よりも良い選択となります。文秋が「通貨」を選択したと想定しても、やはり新朝は「疑惑」を選択する（利得70）ほうが、「通貨」を選択する（利得15）よりも良い選択となります。

したがって、新朝にとっても「疑惑」が支配戦略であることがわかります。このように、すべてのプレイヤーの選択する戦略が明らかになったとき、その戦略の組み合わせをゲームの解と呼びます。このゲームでは、「両誌が『疑惑』の記事を特集すること」が、ゲームの解となります。

これまでの言葉を使ってまとめると、同時ゲームでは、

> 原則①：支配戦略をもつプレイヤーはその戦略を選択
> 原則②：すべてのプレイヤーに支配戦略があるときは、すべてのプレイヤーがその支配戦略を選択した組み合わせがゲームの解

となります。

逆の立場になって考える

新朝の立場になって考えてみよう！

相手（文秋）の行動をシミュレーションし、各行動に対して、一番良い戦略を考える

文秋が「疑惑」を選択すると？

「疑惑」を選ぶと利得35　　「通貨」を選ぶと利得30

文秋＼新朝	疑惑	通貨
疑惑	(35, 35)	(70, 30)
通貨	(30, 70)	(15, 15)

この場合は「疑惑」を選ぶほうが良い！

文秋が「通貨」を選択すると？

「疑惑」を選ぶと利得70　　「通貨」を選ぶと利得15

文秋＼新朝	疑惑	通貨
疑惑	(35, 35)	(70, 30)
通貨	(30, 70)	(15, 15)

やはり「疑惑」を選んだほうが良い！

文秋同様、新朝にとっても「疑惑」が支配戦略となる

▼

お互いが支配戦略を選んだ組み合わせがゲームの解となる

12 同時ゲームの例②
文秋 vs. 新朝 PART2

▶ 1カ所だけ設定を変えてみると？

双方に支配戦略があるときの結果は自明かもしれません。そこで、文秋と新朝の特集競争の設定を、1カ所だけ変更してみます。前回の設定では「同じ特集を組めば読者を半々に獲得」としていましたが、今回は、「疑惑」の特集記事は新朝に定評があり、75万人の読者を文秋が25万人、新朝が50万人で分け合うとしてみましょう。

▶ 文秋に支配戦略はあるか？

10の思考法①に従って、まず文秋の立場で考えてみましょう。思考法②に従い、相手（新朝）のすべての戦略を想定して、その戦略ごとに一番良い戦略を考えます。

文秋にとっては、相手が「疑惑」を選ぶ場合には、自分は「通貨」を選ぶことが良い戦略です。相手が「通貨」を選ぶ場合は「疑惑」を選ぶことが良い戦略です。文秋の良い戦略は、新朝の選ぶ戦略によって変わってきます。つまり、文秋には絶対優位な戦略＝支配戦略はありません。

この場合はどう考えれば良いでしょう？　文秋が一番多くの利得70を獲得できるのは、相手が「通貨」を選んだときに、自分が「疑惑」を選んだときです。つまり、楽観的に考えると「疑惑」を選ぶべきです。また自分が「通貨」を選んだときに、相手も「通貨」を選ぶと利得が最悪の15になってしまいます。悲観的に考えて最悪の事態を避けるとしても、やはり「疑惑」を選んだほうが良いように思えます。果たしてどうなのでしょうか？

文秋 vs. 新朝 PART2

「文秋 vs. 新朝」の利得を変えてみる

特集1

興味のある読者 70万人

利得行列

文秋＼新朝	疑惑	通貨
疑惑	(25, 50)	(70, 30)
通貨	(30, 70)	(15, 15)

特集2

30万人

別々の特集
➡ 興味のある読者をすべて獲得

両方とも「疑惑」を特集
➡ 文秋が25万人、新朝が50万人

両方とも「通貨」を特集
➡ 文秋も新朝も15万人

文秋の立場で考えると？

新朝が「疑惑」を選ぶと？

文秋＼新朝	疑惑	通貨
疑惑	(㉕, 50)	(70, 30)
通貨	(㉚, 70)	(15, 15)

「通貨」を選ぶほうが良い

新朝が「通貨」を選ぶと？

文秋＼新朝	疑惑	通貨
疑惑	(25, 50)	(⑦⓪, 30)
通貨	(30, 70)	(⑮, 15)

「疑惑」を選ぶほうが良い

文秋には支配戦略がない。
➡ 70万人を獲得できる可能性がある「疑惑」を選ぶべきか？

13 どちらか一方だけに支配戦略があるとき

▶ 新朝だけに支配戦略がある

12のような楽観的・悲観的な考えは、個人の意思決定では重要な基準で、マックスマックス基準、ミニマックス基準などと呼ばれます。

個人の意思決定基準では、文秋は「通貨」を選ぶことも考えられます。しかし、ゲーム理論の考え方は違います。それは、ゲーム理論では相手が意思決定をするプレイヤーであることを考えなければならないということです。

10の思考法①に従って、今度は新朝の立場で考えてみます。思考法②に従い、相手（文秋）のすべての戦略を想定して、その戦略ごとに一番良い戦略を考えましょう。

新朝にとって、文秋が「疑惑」を選ぶときには自分は「疑惑」を選ぶことが良い戦略です。そして文秋が「通貨」を選ぶときも、自分は「疑惑」を選ぶことが良い戦略です。以上から、新朝にとっては「疑惑」を選ぶことが支配戦略であるとわかります。

新朝は、文秋が何を選んでも「通貨」よりは「疑惑」を選ぶほうが良い選択です。

▶ 新朝の行動を考慮して文秋の行動を考える

新朝の支配戦略が「疑惑」であることを考慮して、再度、文秋の選択を考えてみます。文秋が新朝の立場になり、その考えを読めば、新朝は支配戦略である「疑惑」を選ぶことがわかります。そう考えると、文秋は新朝の「疑惑」に対して良い戦略である「通貨」を選択することが良い、とわかります。

新朝は「疑惑」が支配戦略

新朝の立場で考えると？

文秋が「疑惑」を選ぶと？

文秋＼新朝	疑惑	通貨
疑惑	(25, 50)	(70, 30)
通貨	(30, 70)	(20, 20)

「疑惑」を選ぶほうが良い

文秋が「通貨」を選ぶと？

文秋＼新朝	疑惑	通貨
疑惑	(25, 50)	(70, 30)
通貨	(30, 70)	(15, 15)

「疑惑」を選ぶほうが良い

「疑惑」は新朝の支配戦略 ➡ 新朝は「疑惑」を選ぶ

再度、文秋の立場で考える

新朝が支配戦略である「疑惑」を選ぶと考えると？
➡ 文秋は「通貨」を選ぶほうが良い！

ゲームの解は、「文秋が『通貨』を、新朝が『疑惑』を選ぶ」という結果になる

14 支配戦略に対する最適な戦略を選択する

▶ 相手の支配戦略に対する最適な戦略を選択

前項の考え方をまとめると、

> 原則③：一方のプレイヤーに支配戦略が存在して他方にないときは、支配戦略のあるプレイヤーはその戦略を選び、もう一方のプレイヤーは相手の支配戦略に対して一番良い戦略を選択

となります。個人の意思決定基準と異なることもわかります。

▶ ゲームの解が成り立つ条件

支配戦略をもつ新朝は、文秋が何を選んでも「疑惑」が良い戦略ですから、文秋の行動に関係なく「疑惑」を選びます。たとえ文秋の利得がわからなくても、たとえ文秋が「疑惑」を選んでも大丈夫です。支配戦略をもつプレイヤーは、相手の利得や行動に関係なく、自分の行動を選択できるのです。

これに対して文秋は、新朝の利得を知っていて、新朝が支配戦略の「疑惑」を選ぶとわかっていなければ、「通貨」が良い選択だと決めることはできません。新朝の利得がわかっていても、支配戦略ではない「通貨」を選ぶような非合理的な相手だと、やはり選択はできません。

ゲームの解が成り立つためには、プレイヤーが相手の利得や合理性について知っていることが必要になることがあり、現実にゲーム理論の予測が成立しない原因となることがあります。ただし支配戦略は、相手に対する知識がなくても戦略を選択できるので、ゲーム理論の予測はより強くなります。

一方だけに支配戦略があるとき

一方のプレイヤーに支配戦略がある
他方のプレイヤーに支配戦略がない

ゲームの解
  支配戦略があるプレイヤーは、その戦略を選ぶ
  他方は、その支配戦略が選ばれたときの最適な戦略を選択する

・新朝は、相手の利得がわからなくても選択ができる

文秋＼新朝	疑惑	通貨
疑惑	(＊, 50)	(＊, 40)
通貨	(＊, 60)	(＊, 20)

相手の選択や利得がわからなくても、新朝は「疑惑」が良い選択だとわかる

・文秋は、相手の利得を知り、相手の選択が推測できないと、自分の良い選択はわからない

文秋＼新朝	疑惑	通貨
疑惑	(25, ＊)	(70, ＊)
通貨	(30, ＊)	(15, ＊)

新朝が「疑惑」なら「通貨」が、「通貨」なら「疑惑」が良い選択

文秋が、相手の利得を知っていて、相手が合理的なプレイヤーだとわかっていなければ、ゲームの解は成立しない

15 同時ゲームの例③
文秋 vs. 新朝 PART3

▶ お互いに支配戦略がないときは?

　さらに、文秋と新朝の例を読者の数を少し変えて考えてみます。今度は「疑惑」の記事に興味をもっている読者は60万人で、「通貨」には40万人が興味をもっているとします。同じ記事を選んだときはPART1と同様に読者は半々になるとします。利得行列は、次ページのようになります。

　まず、文秋の立場で考えてみます。相手（新朝）が「疑惑」を選択したならば、自分（文秋）は「通貨」を選択する（利得40）ほうが、「疑惑」を選択する（利得30）よりも良い選択となります。また、相手が「通貨」を選択したと想定すると、自分は「疑惑」を選択する（利得60）ほうが、「通貨」を選択する（利得20）よりも良い選択となります。文秋には支配戦略は存在せず、自分にとって良い戦略は相手の戦略によって変わります。一方、新朝の立場で考えてみても、（両者は全く対称ですから）やはり支配戦略は存在しません。

　両者とも支配戦略がないので、ここまでの原則ではゲームの解は求められません。では、どのような戦略の組み合わせがゲームの解となるのでしょうか？

▶ ゲームの解とはならない戦略の組み合わせ

　たとえば、文秋も新朝も両方が「疑惑」を選択する戦略の組み合わせは、ゲームの解にはなりません。文秋の立場になると、相手（新朝）が「疑惑」を選択するならば、文秋は「通貨」を選択したほうが良いからです。このような誰かの利得がもっと高くなるような戦略の組み合わせは、ゲームの解としては適切ではないと考えられます。

文秋 vs. 新朝 PART3

特集1

総理に、新たな疑惑

興味のある読者 60万人

利得行列

文秋＼新朝	疑惑	通貨
疑惑	(30, 30)	(60, 40)
通貨	(40, 60)	(20, 20)

特集2

仮想通貨本格化!?

40万人

別々の特集
➡ 興味のある読者をすべて獲得

同じ特集
➡ 興味のある読者を半分ずつ獲得

文秋の立場で考えると？

新朝が「疑惑」を選ぶと？

文秋＼新朝	疑惑	通貨
疑惑	(㉚, 30)	(60, 40)
通貨	(㊵, 60)	(20, 20)

「通貨」を選ぶほうが良い

新朝が「通貨」を選ぶと？

文秋＼新朝	疑惑	通貨
疑惑	(30, 30)	(㉽, 40)
通貨	(40, 60)	(⑳, 20)

「疑惑」を選ぶほうが良い

文秋には支配戦略がない。両者は対称なので新朝にとっても同じ
➡ 両者ともに支配戦略がない

16 ナッシュ均衡とは？

▶ お互いに最適となる戦略の組み合わせ

　同時ゲームでは、「お互いに相手の戦略に対し利得が最大となる戦略の組み合わせ」をゲームの解と考えます。この戦略の組み合わせをナッシュ均衡と呼びます。文秋 vs. 新朝 PART3では、文秋が「疑惑」を選択し、新朝が「通貨」を選択する組み合わせがナッシュ均衡です。

　これを確かめてみましょう。まず、文秋の立場で考えます。新朝が「通貨」を選択するならば、文秋にとって利得が最大となるのは「疑惑」を選択することです。同様に、新朝の立場で考えても、文秋が「疑惑」を選択するならば、「通貨」を選択することが利得を最大にします。

　注意すべきことは、ナッシュ均衡は1つではないことです。文秋が「通貨」、新朝が「疑惑」を選択するのもナッシュ均衡です。どのナッシュ均衡が、実際に起きる結果となるかは、難しく、これについては第3章でも考えます。

▶ ナッシュ均衡以外の別の表現

　ナッシュ均衡は、「相手がそのナッシュ均衡の戦略を選択しているときは、自分はその戦略から他の戦略に変えても利得が良くならないような戦略の組み合わせ」とも言い換えることができます。文秋が「疑惑」を選択し、新朝が「通貨」を選択するナッシュ均衡では、文秋は（新朝がそのナッシュ均衡の戦略「通貨」を取っている限り）「疑惑」から他の戦略に変えても利得は高くなりません。新朝にとっても同じことがいえます。お互いに最適な戦略を取り合うことを別の形で言い換えると、このように表現できることがわかります。

ナッシュ均衡

 ナッシュ均衡 → お互いに最良となる戦略の組み合わせ

文秋が「疑惑」を選び、新朝が「通貨」を選ぶという組み合わせは、ナッシュ均衡

文秋\新朝	疑惑	通貨
疑惑	(30, 30)	(60, 40)
通貨	(40, 60)	(20, 20)

新朝が「通貨」を選択するならば ➡ 文秋は「疑惑」が最良
文秋が「疑惑」を選択するならば ➡ 新朝は「通貨」が最良

お互いに最良の戦略を選び合っている

ナッシュ均衡でなければ?
(たとえば両者ともに「疑惑」を選択)

文秋は、新朝が「疑惑」を選ぶなら
「通貨」のほうが良い選択

文秋が戦略を変えるはず

ゲームの解とはならない

文秋が「通貨」を選び新朝が「疑惑」を選ぶ組み合わせもナッシュ均衡 ▶ **ナッシュ均衡は1つとは限らない**

17 読み合う先に行き着く結果

▶ 戦略の組み合わせがゲームの結果を決める

　ナッシュ均衡は、J・F・ナッシュが同時ゲームの解として考えました。ナッシュはその概念を考えただけでなく、確率を用いた戦略である「混合戦略」という概念を使えば（第4章）、ゲームのプレイヤーが何人でも、戦略がいくつでも、すべてのゲームに1つ以上のナッシュ均衡が必ず存在することを数学的に証明しました。これによりナッシュは1994年にノーベル経済学賞を受賞しています。

　ナッシュ均衡は、「各プレイヤーがゲームで選択する最適な戦略（利得を最大にする戦略）は、個人が独立して決められるものではなく、プレイヤー全員が選び合う戦略の『組み合わせ』として決まる」という考え方をとります。

　たとえば16のゲームでは「文秋の最適な選択は疑惑を選ぶことである」とは考えません。文秋の選択は単独では決定できず、あくまでも「文秋が疑惑を選び、新朝が通貨を選ぶ」という、戦略の組み合わせによってゲームの結果が与えられます。これは、意思決定の相互依存関係を分析するゲーム理論の特徴をよく表しています。

▶ 読み合いの果てにナッシュ均衡にたどり着く

　ナッシュ均衡は、お互いが相手の戦略を完全に読み合った先に行き着くゲームの結果です。もしゲームの結果がナッシュ均衡でなければ、その結果を読み切ったプレイヤーは、自分の戦略をさらに別の戦略に変えることで、自分の利得を高くすることができます。お互いを読み合うプレイヤーにナッシュ均衡以外のゲームの解は考えられないといえるのです。

ナッシュ均衡がゲームの解となる理由

疑惑か？　　　通貨か？

最適な戦略はプレイヤーが
単独で決めることはできない

▼

「戦略の組み合わせ」として
ゲームの結果を予測する

読み合った先に行き着く、最良の戦略を選択し合う組み合わせ
＝
ナッシュ均衡がゲームの解である

18 ゲームの解はナッシュ均衡で決まり！

▶ 今までの原則もナッシュ均衡で統一して説明できる

さて、ナッシュ均衡は支配戦略とは異なる考え方なのでしょうか？ 支配戦略は相手のどんな戦略にも利得を最大にする戦略なので、2人が支配戦略を選ぶ戦略の組はナッシュ均衡になります。また、1人が支配戦略をもち、もう1人がその支配戦略に対して最適な戦略を選択している場合も、やはり「利得を最大にする戦略の組」であり、ナッシュ均衡になっていることがわかります。

すなわち、原則①②③の支配戦略を用いたゲームの解の考え方は、すべてナッシュ均衡の特殊な場合であると考えることができるのです。そこでこれまでの原則はすべて、

> 原則④：同時ゲームの解は、お互いが最適な戦略を選び合うナッシュ均衡である

という1つの原則にまとめられます。1つの共通した原則で多くの場合を統一的に説明できることがゲーム理論の魅力であることは、すでに述べたとおりです。

▶ 支配戦略を考える理由

では、なぜナッシュ均衡だけでなく、わざわざ支配戦略を考えるのでしょうか。それは支配戦略では、相手に関する知識がなくてもプレイヤーは戦略を選択できるのに対し、ナッシュ均衡が成立するにはお互いが相手の利得を知り、相手が合理的な行動を取ることを知っていなければならないからです。支配戦略があるときは、それがないときのナッシュ均衡に比べて実現しやすいと考えることができるでしょう。

同時ゲームの解はすべてナッシュ均衡

お互いが支配戦略をもつゲームの解（文秋 vs. 新朝 PART1）

文秋＼新朝	疑惑	通貨
疑惑	(35, 35)	(70, 30)
通貨	(30, 70)	(15, 15)

支配戦略は相手の
どの戦略にも最良な戦略
↓
最良の戦略を取り合う
ナッシュ均衡

一方が支配戦略をもち、もう一方がそれに対応する最良の戦略を選ぶゲームの解（文秋 vs. 新朝 PART2）

文秋＼新朝	疑惑	通貨
疑惑	(25, 50)	(70, 30)
通貨	(30, 70)	(15, 15)

やはり、最良の戦略を
取り合うナッシュ均衡

> このように、同時ゲームの解は
> **ナッシュ均衡である**
> とまとめることができる

─**支配戦略がある場合**─
そのナッシュ均衡は、より確からしいゲームの解と考えられるだろう

19 交互ゲームの例
文秋 vs. 新朝 PART4

▶ 文秋が先に記事を決める場合

さて、同時ゲームの解説はいったん終わりにして、次に交互ゲームについて説明します。交互ゲームは、プレイヤーが順番に行動し、どの時点でもそれまでに行動したプレイヤーの選択がすべてわかるようなゲームである、ということはすでに述べました。ここでは、今までに親しんだ文秋 vs. 新朝のストーリーを少し変えた例で考えてみましょう。

▶ 文秋の発売日は新朝よりも2日早い

今度は、「文秋」の発売日は「新朝」よりも2日早いとします。特集記事はやはり「疑惑」と「通貨」の2つで、どちらかの週刊誌を1冊買う可能性のある読者が100万人、「疑惑」記事に興味のある読者は70万人、「通貨」記事に興味をもっている読者は30万人であるとします。

文秋が特集記事の内容を決め、前日には今週号の広告を出します。新朝は文秋の広告を見て、特集記事をどちらにするかを決めます。文秋の発売日には新朝も今週号の広告を出すので、読者は文秋・新朝の両誌がどのような特集をするかを知って買うことができます。

もし、両誌が違う特集を組めば、興味をもっている読者はすべて獲得できるものとします。同じ特集を組めば、先に発売する文秋により多くの読者が集まります。両誌とも「疑惑」記事を選べば、文秋を購入する読者は45万人で新朝は25万人、「通貨」記事を選べば、文秋は25万人で新朝は5万人の読者を獲得するとしましょう。

さて、各誌はどちらの特集を組めば良いのでしょうか。

文秋 vs. 新朝 PART4

週刊文秋 — 新朝より発売日が2日早い

今週の特集はどちらにすべきか?

特集1

給理に、新たな疑惑
興味のある読者70万人

特集2

仮想通貨本格化!?
興味のある読者30万人

週刊新朝 — 文秋の特集を知ってから、自分の特集を決めることができる

両者が「疑惑」を特集	➡ 文秋が45万人、新朝が25万人の読者を獲得
両者が「通貨」を特集	➡ 文秋が25万人、新朝が5万人の読者を獲得
一方が「疑惑」、もう一方が「通貨」を特集	➡ 「疑惑」が70万人、「通貨」が30万人の読者を獲得

20 交互ゲームでは「ゲームの木」で考える

▶ 同時ゲームは利得行列、交互ゲームはゲームの木

　交互ゲームを表現する方法にはゲームの木があります。これは同時ゲームの利得行列と同様に、ゲーム理論の重要な道具の１つです。次ページにゲームの木を示しました。ゲームの木は、次のような点と枝からなります。

　①点：プレイヤーが行動することを示す意思決定点、ゲームの結果と利得を示す終点の２種類の点からなります。

　②枝：意思決定点において各プレイヤーが選ぶ行動に対応し、その行動が選ばれたときの、次の意思決定点、または終点を結ぶ線。

　なお、週刊誌が選ぶ特集記事を、同時ゲームでは「戦略」と呼んでいましたが、交互ゲームでは行動と呼びます。

▶ 選んだ行動に対応する枝が結ぶ次の点へ

　ゲームの木について説明します。各意思決定点には、対応するプレイヤーが書かれています。一番最初に行動するプレイヤー（文秋）の意思決定点は初期点と呼ばれます。図では一番左の点です。各意思決定点から枝が出て次の点を結んでいます。枝には対応する行動が書かれています。意思決定点でプレイヤーが行動を選ぶと、それに対応する枝を選ぶことになり、その枝が結ぶ次の点に移ります。このように、次々と意思決定点が移り、終点に達すればゲームは終わりです。終点には全プレイヤーの利得が記されています。

　各プレイヤーが選択した初期点から終点までの枝をつないだものは、結果を表す経路と呼ばれます。

「ゲームの木」の詳細

前項の「文秋vs.新朝 PART4」のゲームの木を書いてみると……

初期点
最初に行動するプレイヤーの意思決定点

意思決定点
各プレイヤーが行動を決める点。点の下には、行動するプレイヤーの名前を書いておく

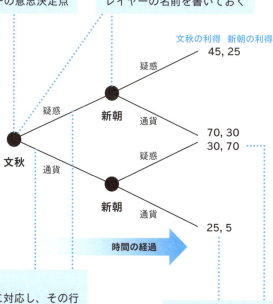

枝
行動に対応し、その行動を選んだときの次の点を示す線。枝には行動の名前をつけておく

終点
ゲームの結果を示す点で、各プレイヤーの利得を書いておく

21 交互ゲームも同時ゲームも思考法は同じ

▶ 先手の立場で考え、後手の立場で考える

20のゲームの木で示したような2プレイヤーの交互ゲームでは、先に行動するプレイヤー（文秋）を**先手**、後から行動するプレイヤー（新朝）を**後手**と呼びます。

交互ゲームの考え方も基本的には同時ゲームと同じです。各プレイヤー（先手・後手）の立場で考え、そのプレイヤーの最適な選択を考慮することでゲームの結果を予測します。同時ゲームではどのプレイヤーの立場から考え始めても構いませんが、交互ゲームにおいては、時間的に後に行動するプレイヤーから、順番にさかのぼって考えることが大切になります（理由は22で示します）。2プレイヤーの場合は、後手の立場で考えてから、先手の立場で考えます。

▶ 後手の立場で考える

まず後手（新朝）の立場で考えてみましょう。新朝は、もし先手（文秋）が「疑惑」の記事を選択したならば、「通貨」の記事を選択したほうが（利得30）、「疑惑」の記事を選択するより（利得25）利得が高くなります。一方、もし文秋が「通貨」を選択したならば、「疑惑」を選択したほうが（利得70）、「通貨」を選択するより（利得5）利得が高くなります。

後手は、先手の行動を観察した後に選択をするので、先手の行動を推測する必要はありません。文秋が「疑惑」を選択したならば「通貨」を、「通貨」を選択したならば「疑惑」を選択することが、最適な選択となります。

2プレイヤーの交互ゲーム

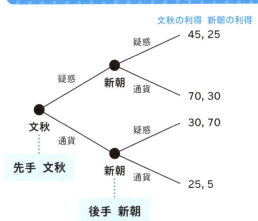

文秋の利得　新朝の利得

先手　文秋
後手　新朝

後手（新朝）の立場で考える

文秋の利得　新朝の利得

- 文秋が「疑惑」を選んできたときは、→「通貨」のほうが「疑惑」よりも良い選択
- 文秋が「通貨」を選んできたときは、→「疑惑」のほうが「通貨」よりも良い選択

先手が「疑惑」を選べば ➡ 後手は「通貨」を選ぶべき
先手が「通貨」を選べば ➡ 後手は「疑惑」を選ぶべき

22 「先読み」で考えよ

▶ 交互ゲームを解く最大のポイント

　後手に対して先手の場合は、自分の選択に対して、後手がどのように行動するかを予測することが必要不可欠です。言い換えると先手は、自分の選択に応じた後手の行動を「先読み」して、自分の最適な行動を選択します。この「先読み」は、交互ゲームを解く最大のポイントになります。

　先読みをするためには、後手の立場で後手の選択を考えなければなりません。後から行動するプレイヤーからさかのぼって考えるのは、このような理由があるからです。

▶ 先手の立場で考える

　では、先手（文秋）の立場で考えてみましょう。

　まず先手は、自分が「疑惑」を選択したときに、後手（新朝）がどうするかを先読みします。この場合、後手は「通貨」を選択するので、自分の利得が70となることがわかります。次に先手は、自分が「通貨」を選択したと想定してみます。この場合は、後手は「疑惑」を選択します。結果は、利得が30となることが読めます。

　先読みを行えば、先手の文秋は、自分が「疑惑」を選択すれば利得が70、「通貨」を選択すれば利得が30であることがわかります。かくして、文秋は「疑惑」を選択することが最適な選択となります。このとき、後手（新朝）が「通貨」を選択し、これがゲームの結果となります。

　このような先読みが有効であるためには、先手は後手の利得を知り、後手が利得の高い行動を選択する合理的なプレイヤーであることを知っていなければなりません。

先手の立場で考える

21の後手に対して、今度は先手の立場で考えてみよう。ここで大切なのは、後手の行動を先読みすること

| もし自分が「疑惑」を選ぶと | ▶ | **先読み** 相手は「通貨」を選ぶ | ▶ | 自分の利得は70 |

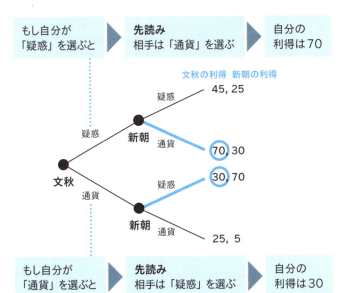

| もし自分が「通貨」を選ぶと | ▶ | **先読み** 相手は「疑惑」を選ぶ | ▶ | 自分の利得は30 |

先読みをすれば、先手は「疑惑」を選択すべき！

ゲームの結果
先手は「疑惑」を選択し、後手は「通貨」を選択する

23 交互ゲームにおけるゲームの解

▶ すべての場合に対する最適な選択

　交互ゲームの例では、先手の文秋が「疑惑」を選択し、後手の新朝が「通貨」を選択して、文秋の利得が70、新朝の利得が30となることがわかりました。結果をゲームの木で表すと、先手と後手の選択した枝をつなげた経路となります。交互ゲームの結果は、初期点からの各プレイヤーの最適な選択をつなげて終点に至る1本の経路となります。これを均衡経路と呼びます。

▶ 実際には起きていない意思決定点をも示す必要がある

　均衡経路だけでは、なぜ先手が「疑惑」を選択したかは説明できていません。もともと、先手が「疑惑」を選択した理由は、もし先手が「通貨」を選択したならば、後手が「疑惑」を選択するという先読みから来ているものです。この「先読み」を説明するには、結果として実際には起こらない「先手が『疑惑』を選択したときに、後手がどのような選択をするか」を記述することが必要です。すなわち交互ゲームの答えは「すべての意思決定点で各プレイヤーがどのような選択をするか」を定めなければ得られないのです。このような（均衡経路以外の点も含めた）すべての点におけるプレイヤーの最適な行動を示したものを、交互ゲームの解と呼びます。

　実際には起きない（文秋の「通貨」に対する新朝の選択のような）意思決定点でも、どのような選択が行われるかを示す「ゲームの解」と、ゲームの解において各プレイヤーはどのような行動を順番に選んでいくのかという「均衡経路」を区別することが大切です。

交互ゲームの解とゲームの結果

ゲームの結果は「先手は『疑惑』を選択し、後手は『通貨』を選択する」となる

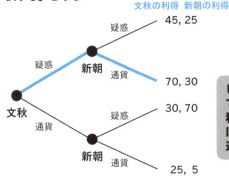

ゲームの木で表すと、太線
=
均衡経路

しかし、これだけでは説明不足。文秋が「通貨」を選ばなかった理由を述べる必要がある

交互ゲームの解
➡ すべてのプレイヤーが、すべての点でどの選択をしたのかを全部書く

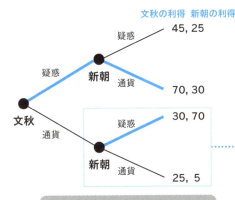

実際には起こらない、文秋が「通貨」を選んだときの新朝の選択は、なぜ文秋が「通貨」ではなく「疑惑」を選んだのかに対する説明材料になる

ここまですべてを書き記して初めて、交互ゲームの解といえる

24 バックワードインダクション

▶「先読み」の「解法のテクニック」

交互ゲームを解く「先読み」をシステマティックに行う方法、言い換えると「交互ゲームの解法のテクニック」が存在します。これはバックワードインダクションと呼ばれ、以下のような手順で示されます。

> ①ゲームが終わる直前の意思決定点（意思決定点のすべての枝が終点につながるプレイヤー）を考え、そのプレイヤーの最適な選択を求めます
> ②最適な選択を求めたプレイヤーの直前の（正確には、それまでに解かれた意思決定点か、終点にすべての枝がつながる）意思決定点を考え、（それ以降の最適な選択を読み込んで）そのプレイヤーの最適な選択を求めます
> ③②をすべての選択が決まるまで繰り返します

文章だと難しそうですが、実際にやってみると簡単です。次ページに、一郎・二郎・三郎の３兄弟が、順番に上か下かを選ぶ交互ゲームをゲームの木で表しました。この練習問題を使ってバックワードインダクションでゲームの解を求めてみましょう。

まず、ゲームが終わる直前のプレイヤーは三郎ですから、三郎の最適な選択を求めていきます（STEP1）。次に、三郎の直前にプレイするプレイヤーは二郎です。STEP1の三郎の選択をもとにして、二郎の最適な選択を求めます（STEP2）。最後に、STEP1・2で求めた三郎・二郎の結果をもとにして、一郎の最適な選択を求める（STEP3）と、交互ゲームの解を求めることができます。

バックワードインダクション

一郎、二郎、三郎の順番でプレイする交互ゲームを解いてみよう！

＊数字は左から一郎、二郎、三郎の利得を表す

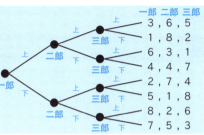

STEP1

最後のプレイヤー三郎の最適な選択をすべての点で求める

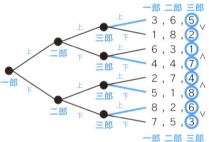

STEP2

二郎の最適な選択を、三郎の選択をもとにして求める

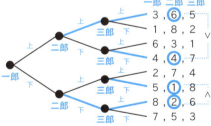

STEP3

一郎の最適な選択を、三郎・二郎の選択をもとにして求める

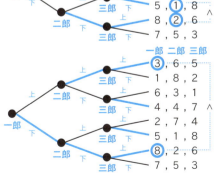

25 交互ゲームの戦略とナッシュ均衡

▶ 交互ゲームの原則と交互ゲームにおける戦略

さて、ここまで解説してきた交互ゲームの解き方は、

> 原則⑤：交互ゲームは「先読み」で解く。「先読み」を解くテクニックは、バックワードインダクションである

という原則でまとめることができます。

なお、交互ゲームは同時ゲームに変換することができます。交互ゲームにおいて「プレイヤーが意思決定するすべての点で、どの行動を選ぶかをすべて列挙したもの」を同時ゲームの戦略と考えてみましょう。文秋 vs. 新朝の交互ゲームでは、後手の新朝の意思決定点は2カ所あり、たとえば「文秋が『疑惑』を選択したときに『通貨』を、文秋が『通貨』を選択したときに『疑惑』を選ぶ」が1つの戦略となります。この戦略を（通貨，疑惑）のように書くと、新朝の戦略は、（疑惑，疑惑）（疑惑，通貨）（通貨，通貨）の計4つになります。一方、先手の文秋は1カ所しか意思決定点がないので、戦略は「疑惑」と「通貨」の2つだけです。

後手の新朝は、先手の行動を見なくても、ゲーム開始前に、この「戦略」をあらかじめ決めておけば良いことがわかります。このように考えると、交互ゲームは、ゲームが始まる前に「戦略」を決める同時ゲームに対応することがわかるでしょう。

▶ 交互ゲームの解＝ナッシュ均衡の1つ

交互ゲームの解は、この同時ゲームのナッシュ均衡の1つとなることがわかっています。すべての原理は同時ゲームのナッシュ均衡に通じているのです。

交互ゲームを同時ゲームで表す

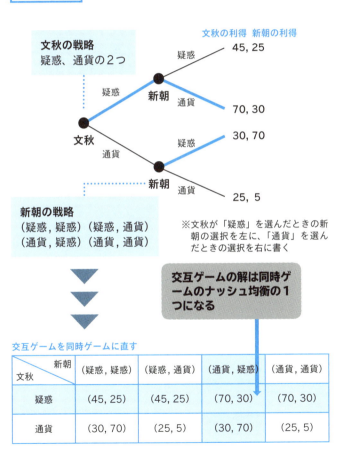

将棋や囲碁とゲーム理論

　ゲーム理論を研究していると言うと、「将棋に強いプログラムを研究しているの？」と聞かれます。近年は、囲碁や将棋で人間より強いプログラムが開発され、話題になっています。

　将棋や囲碁などのゲームは交互ゲームであり、ゲームの木で表現することができます。したがって、もし「ゲームに終わりがあれば」バックワードインダクションにより、原理的には解を求めることができます。しかし現実には、これらはゲームの木が大きすぎて厳密な解を求められません。どのような方法で良い解を探索するかの研究が、計算機科学や人工知能分野で行われてきました。

　将棋や囲碁については、人間を超えるプログラムが作られました。これらは2人ゲームであり、運や偶然など確率が関係しないゲームです。これからは3人以上で確率が関わるような、トランプのポーカーやブリッジ、麻雀やバックギャモンなどを、どう解くかに研究の焦点は移っていきそうです。

第 3 章

応用
チキンゲーム、インセンティブ、囚人のジレンマ

26 チキンゲーム

▶ ビルを建て替えるか？ 否か？

ある地方都市の駅前に「小ビル」と「大ビル」という2つのビルが建ち、観光客や地元住民でにぎわっています。しかし2つのビルは老朽化し、両ビルの所有者はともに建替えを考えています。一方がビルを建て、もう一方が現状維持であれば、建て替えたほうの収益は現状よりも上昇し、現状維持のほうの収益は減少します。小ビルは、自分だけが建て替えることに成功すれば、大ビルと肩を並べることができるようです。しかし、双方がビルを建て替えれば、両者ともに収益は減少してしまいます。

次ページの利得行列には、両ビルの行動とそれによる収益の予測が示されています。結果はどうなるでしょうか？

▶ チキンゲームとは？

この建替えの意思決定はチキンゲームと呼ばれるゲームです。ここでチキンとは「弱虫」のことを意味します。このゲームでは、建替えを選んだものは強気で「ブル」と呼ばれ、現状維持を選んだものは弱気で「チキン」と呼ばれます。しかし、両者がブルになろうとして、ともに建替えをすれば、双方とも不利益になります。それよりは、まだ自分が「チキン」となったほうがマシというゲームです。

このゲームのナッシュ均衡は2つあり、1つは「小ビルが現状維持、大ビルが建替え」で、もう1つは「小ビルが建替え、大ビルが現状維持」であることがわかります。実は、文秋 vs. 新潮 PART3 もチキンゲームです。

駅ビルの建替え競争とチキンゲーム

《両ビルの行動と収益》

両ビルの行動	両ビルのオーナーの収益予測
両ビルとも現状維持	現状は大ビル優勢 小ビル4億円 大ビル8億円
小ビルのみ建替え 大ビルは現状維持	小ビルの集客力アップ！　大ビルと肩を並べる 小ビル6億円 大ビル6億円
小ビルは現状維持 大ビルは建替え	大ビル巨大化＆集客力アップ！ 小ビル2億円 大ビル10億円
両ビルとも建替え	共倒れ 小ビル1億円 大ビル4億円

＊収益は建替え費用も考慮されているものとする

《ビルの建替え投資競争の利得行列》

小ビル \ 大ビル	現状維持	建替え
現状維持	(4,8)	(2,10)
建替え	(6,6)	(1,4)

※利得の単位は億円

ナッシュ均衡は2つ
1. 小ビルが現状維持、大ビルが建替え
2. 小ビルが建替え、大ビルが現状維持

チキンゲーム
相手が強気（ブル）　➡　弱気（チキン）を選んだほうが良い
相手が弱気（チキン）　➡　強気（ブル）を選んだほうが良い

27 チキンゲームとフォーカルポイント

▶ 結果がわからないゲーム

チキンゲームにおいて、2つのナッシュ均衡のどちらが結果になるかは、現在のゲーム理論でも結論が出ない問題です。この問題を考えるために別のチキンゲームを考えます。

トレッキングの最中にあなたは細い橋を渡ろうとしています。見ると対岸でも別の人が橋を渡りたいようです。目的地に早く着きたいので、自分が先に渡りたいのですが、先方も同じ様子。すれ違う余裕のない橋なので、一緒に渡り出すと橋の途中で立ち往生してしまいます。

このゲームは、典型的なチキンゲームです。ナッシュ均衡は一方がブルとなって川を渡り、一方は岸でチキンとなって待つことですが、実際にはナッシュ均衡にならず、お互いがブルになってぶつかったり、お互いがチキンとなりずっと岸で待っていたりすることもあります。

▶ 慣習に導かれる均衡

さてここで、あなたが女性で、相手は男性であるとします。そしてレディファーストを重んじる礼儀正しい国にいるとします。このときは、「女性であるあなたが川を渡り、男性である相手が対岸で待つ」というナッシュ均衡が実現する可能性が高くなります。

このレディファーストという慣習は、女性だけではなく双方にメリットをもたらすことに注意しましょう。このような慣習に導かれるナッシュ均衡は、フォーカルポイントと呼ばれます。フォーカルポイントがあれば、2つ以上あるナッシュ均衡から、どのナッシュ均衡が解となるかが定まります。

チキンゲームとフォーカルポイント

両者の行動	利得
両者とも橋を渡らない	両者とも0
一方が先に橋を渡る	渡ったほうは+1
一方が橋を渡らない	渡らないほうは−1
両者とも橋を渡る	両者とも−2

利得行列

プレイヤー1 \ プレイヤー2	渡らない	渡る
渡らない	(0, 0)	(−1, 1)
渡る	(1, −1)	(−2, −2)

ナッシュ均衡
一方が橋を渡り、一方が橋を渡らない

しかし
どちらのナッシュ均衡が実現するか分からない！ 実際には両者が渡り出して−2になることも！

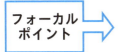

慣習などにより、複数の均衡の中から選ばれる均衡
（例）レディファースト
　　　どちらがチキンになるか決まることで、最悪の結果を避けることができる

28 ゲームを変えろ！コミットメント

▶「小ビル」のオーナーが勝者となるには？

フォーカルポイントのない状態でチキンゲームを実験すると、ナッシュ均衡にはならず、2人ともチキンになったり、ブルになったりすることもあります。

ビルの建替え競争に話を戻し、あなたは「小ビル」のオーナーであるとしましょう。チキンゲームのままでは、あなたがチキンになるかもしれませんし、双方がブルになってぶつかるかもしれません。何か方法はないものでしょうか。

あなたは小ビルの建替えを決める前に、早々に大きなテナントと建替えを前提とした契約をしてしまうことにします。ここで「もしビルを建替えなかったならば、多額の違約金（2億円）を払う」という契約をしたとしましょう。

こうすると、利得が変わりゲームが変わります。新しい利得行列では、「建替え」という選択は小ビルの支配戦略となります。小ビルが必ず建替えを選択することから、大ビルは渋々「現状維持」を選ばざるを得ないでしょう。

▶ コミットメント＝自らを拘束する

小ビルはテナントとの契約で自分を拘束することで優位に立ったといえます。このように契約などにより自分を拘束し、確実にその内容を実行する行為をコミットメントと呼びます。コミットメントの例はたくさんありますが、契約において予約金や手付金を払い、自分が簡単には契約を解除しないことを示すのはその1つです。婚約において、結納金や高い婚約指輪を買うのも、その一例といって良いでしょう。

コミットメント

勝者となるためにゲームを変える

小ビルのオーナーは「建替えをしない場合は2億円の違約金を払う」という契約を大きなテナントとする

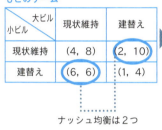

もとのゲーム

小ビル \ 大ビル	現状維持	建替え
現状維持	(4, 8)	(2, 10)
建替え	(6, 6)	(1, 4)

ナッシュ均衡は2つ

新しいゲーム

小ビル \ 大ビル	現状維持	建替え
現状維持	(2, 8)	(0, 10)
建替え	(6, 6)	(1, 4)

ナッシュ均衡は1つ
(小ビルは建替えが支配戦略)

オプションとコミットメント

- 自分1人だけが行動する場合は、将来に渡って自分が選べる代替案や行動(オプション)が多いほど、自分の利得は高くなる(オプションの価値)
- 2人以上のゲームでは、自分の行動を拘束し、選択肢を狭くすること(コミットメント)が意味を持つ

―コミットメントの例―
- 契約における手付金や予約金
- 通販の返金による品質保証
- 結婚指輪や結納金

29 先手が有利か、それとも後手が有利か？

▶ 先手を取ることがコミットメントのもっとも簡単な方法

先手を取り、同時ゲームを交互ゲームに変えれば、ゲームの利得を変えなくても、コミットメントになります。ビルの建替え競争の例では、小ビルが先にビルを建て替えてしまえば、大ビルは現状維持を選択せざるを得ません。他のテナントとの契約で自分を拘束するまでもないことです。

次ページのゲームの木をバックワードインダクションで解き、確かめてみましょう。まず、後手（大ビル）の行動から考えます。大ビルの最適な選択は、小ビルが「建替え」を選択したときは「現状維持」、「現状維持」を選択したときは「建替え」となります。これにより、先手（小ビル）の最適な行動は「建替え」になります。かくして、小ビルが「建替え」、大ビルが「現状維持」という結果が得られました。

しかし、実際には大ビルも同様のことを考え、さらに先手を取ろうと考えるでしょう。現実には、両者ができる限り計画を前倒しして、先手を取ることが可能な条件にあるほうが勝者となるか、あるいはやはり同時期に決定しなければならず、同時ゲームになるか、などの結果が予想されます。それにはまた別の分析が必要です。

▶ コミットメントは必ず有利になるわけではない

コミットメントで自分を縛ることが、常に有利になるわけではありません。たとえば、じゃんけんでは、コミットしてしまうと自分が不利になります。先手を取ることやコミットメントが有利なのか不利なのかは、ゲームの構造をよく見て考えなければなりません。

「先手を取る」＝「コミットメント」

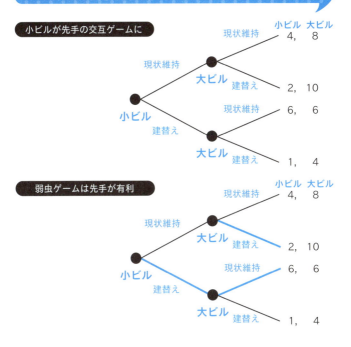

先手を取ることやコミットメントが必ず有利とは限らない

+1	勝ち
-1	負け
0	あいこ

じゃんけんは先手が不利。ゲームの構造を見極めて、コミットメントが有利かどうかを確かめよう

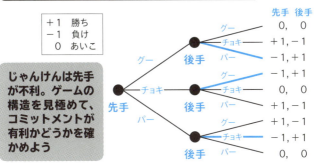

30 インセンティブとゲーム理論

▶ インセンティブを考える理論

　ゲーム理論や経済学は、<u>インセンティブ</u>を考える理論だといわれます。個人や企業が利己的に行動しても組織や社会がうまく動くためには、制度をどのように作るのが良いのか。個人や企業のインセンティブを考察することが、大きな鍵となります。ただし（残念ながら？）、その基本的な考え方はアメとムチ＝報酬と罰則の考え方にあるようです。

　簡単なモデルを使って、考えてみましょう。

▶ 代理店との販売委託契約

　あるメーカーが新商品の販売を、自社で行うか販売ノウハウをもつ代理店に委託するか迷っているとします。代理店は販売に対して高努力か低努力かの「販売努力の程度」を選ぶとします。高努力は低努力より費用がかかります。計算を簡単にするため、低い努力には費用はかからず、高い努力には40万円の費用がかかるとします。代理店が高い努力をすると、メーカーは自社が販売するよりも170万円高い収益が得られます。一方で、代理店の努力が低いと、メーカーは自社で販売するより50万円高い収益しか得られません。

　代理店は「100万円の手数料で販売委託契約をして良い」と言っています。代理店が高い努力をしてくれれば、メーカーは手数料を引いても70万円高い利益が得られます。100万円支払えば、高努力の費用40万円は十分にカバーできて、代理店の利益はプラスになるため、代理店は高努力を選んでくれそうと考えて、メーカーはその条件で代理店に販売を委託すべきでしょうか？

インセンティブと販売委託

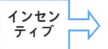 人が行動する理由や要因を意味する

新商品の販売委託

自社で売るか、代理店に依頼か？

- **販売を委託しない** ➡ **双方の利得を0とする**
  （メーカーは、自社で販売したときの利益からの増減を利得と考える）
- **販売を委託したとき：代理店は高努力か低努力を選択**
  代理店の費用：低努力0円、高努力40万円
  販売による収益：低努力50万円、高努力170万円

代理店側

100万円の手数料を払っていただければ、契約しますよ

100万円の手数料を払えば、高努力の費用40万円はカバーできるので、高い努力が見込めるな……

メーカー側

自社で販売するより＋70万円の利益

果たしてどうか？

31 努力に対する報酬のインセンティブ

▶ 代理店は低い努力を選ぶ

30の問題を交互ゲームにして考えてみましょう。最初にメーカーは代理店と契約するかどうかを選び、次に代理店が努力水準を選び、その結果、利得が決まります。

ゲームをバックワードインダクションで解いてみましょう。代理店と契約したときは、報酬が努力水準に関係なくすでに決まっているので、代理店は高努力ではなく低努力を選択します。低努力ならメーカーは自社で販売したほうが良いでしょうから、メーカーはそれを先読みすると「契約しない」を選びます。

▶ インセンティブ契約と歩合給──努力と報酬の関係

このゲームでは、支払われる報酬が努力と無関係です。「高努力の費用である40万円以上の報酬を払うのだから、高い努力をするだろう」という考え方は誤りです。インセンティブを考えれば、代理店の努力水準が報酬に反映される「インセンティブ契約」や「歩合給」にすべきです。

当たり前のように思えますが、「公共事業で入札競争が激しくなり、業者の利益が少なくなると質の悪い工事が増える」といった主張はよく見られます。業者に多くの利益を与えれば仕事の質が向上すると単純に考えることは、誤りではないでしょうか。多くの利益を与えても、それが業務の質の向上に結びつくかどうかは、よく考えなければなりません。「何がインセンティブかを考えなければ、相手に望む行動は担保されないかもしれない」ということです。

努力に対する報酬とインセンティブ

「高い努力に対して、高い報酬を払う」と考えるか、「高い報酬を払えば、高い努力をする」と考えるか

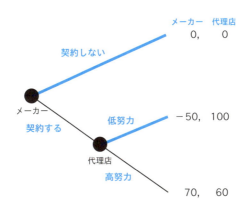

バックワードインダクションで解くと、代理店は低努力を選ぶので、メーカーは契約しない

費用をかけても、高い努力をするインセンティブが必要
- 金銭的報酬や罰則(歩合給・インセンティブ給)
- 長期的関係(努力を怠ると、次に仕事が来ない)
- 評判(努力を怠ると、他から仕事が来ない)

32 報酬と罰則によるwin-winの契約

▶ 報酬と見るか、罰則と見るか

ここで、「代理店が提案した100万円で契約するが、高い販売利益が得られないときは違約金を60万円として、40万円しか支払わない」という契約に変えてみましょう。ゲームを解くと、業者は高努力を選ぶことが確認できます。努力が報酬に結びつくインセンティブ報酬により、代理店の努力を引き出すことができます。

この契約は、「代理店とは40万円で契約し、高い販売利益が得られたときには60万円の成功報酬を追加する」と解釈しても同じです。努力を引き出すのは、インセンティブ報酬というアメなのか、罰則金というムチなのかは、この問題においては相対的な見方といえます。

▶ 代理店側から見ても良い契約

31の状況で契約が結ばれなかったことを考えると、この契約はメーカーだけではなく代理店にとっても良く、双方にとって良い「win-win」の契約になっているといえることにも着目しましょう。

したがって、このような契約は、メーカー側だけではなく代理店側が提案してもメリットはあります。通販のダイエット食品の販売で「もし効果がなければ代金は全額お返しします」と代理店が自ら罰則を持ち出しているのも、同じ原理であるといえます。

今回は努力と結果が必ず結びつくと考えました。第5章ではそうではないケースを考え、モラルハザードの問題として再びこの例を取り上げます。

インセンティブ契約

「100万円で契約し、販売収益が低かったときは、60万円の違約金を払う」という契約では？

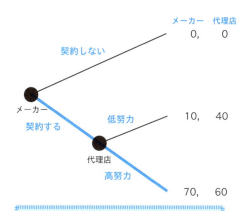

代理店は高努力し、メーカーは契約する

ポイント

①「先に40万円の手付金を払い、高い販売収益のときは、60万円の報酬を追加する」としても同じ
②代理店が高努力したときの結果は、31と同じ⇒高努力を引き出すために、実際に罰金が支払われたり、追加的な報酬が発生したわけではない（支払い方法を変えただけ）
③31に比べ両者にとって良い結果（win-win）となっている

今回は努力と成果が確実に結びつくと仮定
➡ そうではない場合（モラルハザード）は第5章を参照

33 交渉をゲーム理論で考える

▶ ゲーム理論の大きな研究課題

交渉はゲーム理論における重要な課題です。もちろん交渉には勘や経験や天性の才能がモノをいう場面も多くあり、ゲーム理論だけで解ける問題ではありません。しかし、ゲーム理論は交渉の基本的な原理を与え、その理解を深めます。

▶ 渡辺家の土地購入における交渉

土地やマンションの価格交渉は、ゲーム理論で交渉を考える格好の教材です。そこで、私（渡辺家）が新居のために土地を購入した話をもとに簡単な例を考えてみましょう。

W（私がモデルです）は、ある土地の購入を考え、1,700万円までなら支払っても良いとその土地を評価しています。できるだけ安く買おうと不動産屋を介して売主と交渉を進め、交渉期限も近づいてきました。売主は1,500万円だと別の人（Aさん）に土地を売れるようなので、それ以下では売らず、そこまでは値が下がりそうな気配です。

交渉をゲーム理論で考えるためには、まず交渉の決裂点と利得が何であるかを考えなければなりません。ここで、Wと売主の交渉がまとまるのは、1,500万円以上1,700万円以下の価格です。それ以外の価格提示では交渉は決裂するでしょう。これが、交渉の妥協と決裂の分岐点になります。

もっとも交渉には「脅し」や「ハッタリ」がつきものです。相手の本音（本当に売主の評価額が1,500万円なのか）がわからないのが、本来の交渉かもしれません。しかし、初歩的なゲーム理論でこの部分を扱うのは難しいので、以下では、お互いの評価額はわかっているとしておきます。

ゲーム理論と交渉

交渉 → ゲーム理論の重要な研究課題。交渉力とは何か？ 決着の要因は？

ゲーム理論でできること
- 交渉の原理の理解
- 交渉力を決める大きな要因

ゲーム理論でできないこと
- 心理的な脅しやハッタリなどの分析
- 詳細な個別ケースに対応できるテクニック

〈交渉の例〉 W（渡辺家）の土地購入

1,500万円（売主の評価）以上なら売ってもいい
（1,500万円で買いたい人が別にいる）

1,700万円（Wの評価）以下なら買いたい
（それ以上なら別の土地を買いたい）

できるだけ高く売りたい売主　　できるだけ安く買いたいW

ここではお互いの評価額はわかっているとする

34 交渉の利益と余剰の分配

▶ 交渉の利益

　交渉を考えるためのポイントは、①選択肢、②交渉が結実した際の利得、③決裂点（交渉が決裂したときの利得）です。今回の選択肢は、単純に売買価格であるとします。また、交渉が結実したときの利得は、ここではWは評価額1,700万円と売買価格との差額、売主は1,500万円と売買価格との差額と考えます。この評価額と売買価格との差額は、経済学の用語で余剰とも呼ばれます。交渉が決裂したときの決裂点の利得は、Wも売主も0であるとします。

　もし交渉が決裂して、売買が成立しなければ、2人の余剰は0です。交渉が成功すれば、2人とも何がしかの余剰が生まれともにプラス（win-win）になります。交渉においては、このことを常に念頭に置かなければなりません。感情的になって交渉が決裂する場合は、この基本的なことが意外と忘れられていることが多いのです。

▶ 2人の余剰の合計は一定

　ここで、土地がP万円で売買されたとすると、Wには1,700万円－P万円、売主にはP万円－1,500万円の余剰が生まれます。これらの合計（売り手と買い手の総余剰と呼びます）は（1,700万円－P万円）＋（P万円－1,500万円）＝200万円で売買価格には依存しません。

　財の交換における交渉とは、交換における2人の余剰の合計（総余剰）を売り手と買い手でどのように分配するかという問題である、と言い換えることができます。

交渉のポイント

交渉を考える3つのポイント

①選択肢
交渉の選択肢として何があるか

②利得
交渉が決着したとき、何を利得と考えるか

③決裂点
交渉が決裂したとき、どうなるか

Wの土地購入交渉
①選択肢：売買価格　1,550万円？　1,620万円？……
②利得　：評価額と売買価格との差額。余剰とも呼ばれる

 例　1,550万円で売買
　　Wの余剰　　：1,700万円−1,550万円＝150万円
　　売主の余剰：1,550万円−1,500万円＝50万円

③**決裂点**…売主・Wともに余剰が0

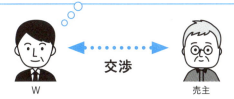

交渉

W　　　　　　　　　売主

P万円で決着したときの2人の余剰の総和
（1,700万円−P万円）＋（P万円−1,500万円）＝200万円

▼

売買価格によって余剰の総和200万円は変わらない

200万円を2人で分ける交渉（決裂すれば0円）
とみなすことができる。

35 最後通牒ゲーム

▶ 期限ギリギリまで返事を待つ

さてWが取った手段は、期限ギリギリまで返事を待ち、交渉の最後通牒権を握るというものでした。ここでWは期限日の夜遅くに不動産屋に連絡し、「1,510万円で買うが、売主は承諾するか拒否するか」ともちかけたのです。このゲームを交互ゲームとして分析してみましょう。

次ページの図はWが購入価格を提示し、売主がそれに対して承諾か拒否かを選択する交互ゲームを表しています。1円単位の交渉は実際には無理なので、10万円単位で交渉をしているとします。このゲームのポイントは、売主が提示を拒否したら交渉が決裂するという点です。Wの提示が「最後通牒」となっていることから最後通牒ゲームと呼ばれます。

▶ Wが最後通牒権を取った理由

最後通牒ゲームをバックワードインダクションで解いてみましょう。後手は金額を提示され、承諾か拒否かを決める売主です。売主は提示された金額が交渉決裂よりも良い結果ならば承諾し、悪い結果ならば拒否します。今回は、1,510万円以上ならば承諾、1,490万円以下ならば拒否するでしょう。1,500万円は、承諾と拒否が同じ利得なので、どちらを選択するかは微妙な問題ですが、ここでは拒否と考えておきます。金額を提示する先手（W）は、それを先読みして1,510万円を提示することが最適な選択です。

かくして、最後通牒ゲームでは、金額を提示するほうが決裂ギリギリの金額を提示し、提示されたプレイヤーが渋々それを承諾することが結果となります。

最後通牒ゲームの解

バックワードインダクションで解く

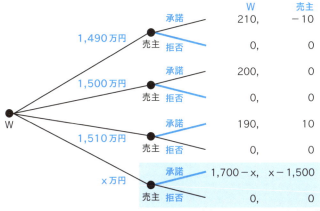

x≦1,500なら拒否　x＞1,500なら承諾

Wの交渉の顛末

　最後通牒でまんまと交渉に成功したと思ったWですが、なんとその日の夜8時頃に不動産屋から電話があり、「売主は1,550万円でないと売らないと言っている。即答してくれ」と逆に最後通牒されてしまったのです。

　理論的には売主は1,690万円まで提示できるはずですが、そうなるとWも悔しいし、一考を要するので話はまとまりにくくなります。その心理も読んだ「1,550万円」という微妙な数字に驚かされました。

　結局、Wは「1,550万円」で承諾の返事をしたのでした。

（購買価格はフィクションです）

36 最後通牒ゲームと実験経済学

▶ 不公平感を利得に入れる

売買価格が1,510万円のとき、Wの余剰は190万円、売主は10万円です。交渉が成功し、2人の余剰はプラスだからと言っても売主にしては面白くないでしょう。この不公平感は交渉問題を考えるときに重要です。最後通牒ゲームを実験してみると、35で述べた結果になることは、ほとんどありません。先手が後手が承諾するギリギリの提案をすると、実際には後手に拒否される場合がほとんどです。それは後手が、先手と後手の余剰の差額に不公平を感じ、わずかな金銭の利益よりは、そちらのほうが大きいと考えるからです。

金銭だけではなく、このような感情もすべて利得として換算し結果を修正できれば、「利得が最大になるようにプレイヤーは行動する」というゲーム理論は、正しく動くかもしれません。

▶ 実験経済学

経済学のさまざまな理論を実際の人間で実験し、その結果を理論と照らし合わせて考察する研究は、実験経済学と呼ばれ、近年大きく発展しました。特にゲーム理論のモデルを実験し、理論を再構築しようという試みは、行動ゲーム理論と呼ばれることもあります（第6章）。

感情は、結果だけではなく、交渉のプロセスや相手の態度でも変わります。感情を利得として換算するという考え方は限界があるかもしれません。実験経済学を通じて、ゲーム理論がうまく働く問題とそうでない問題を分けて考えていくことは、今後の課題といえるでしょう。

実験経済学とゲーム理論

たとえば、1000円を分ける最後通牒ゲーム（10円単位）

ゲーム理論の解：
　　先手は、「自分が990円、相手が10円」を提案
　　後手が承諾（承諾すると＋10円、拒否すると0円なので）

実際に実験室で実験してみると？
- そのような先手の提案はほとんど拒否される
- 先手もそれを感じて、そのような提案はしない

金銭だけではない不公平感を考慮する必要性！

実験経済学　経済学の理論を実際の人間で実験　知見を活かす！

ゲーム理論は実験によって、修正可能か？

ゲーム理論擁護派

不公平感を金銭に換算し、利得に入れれば理論は正しいはず

そのような感情は、結果だけではなく手段やプロセスに依存する。そもそも金銭に換算できない！

手段やプロセスも利得に反映すれば良いはず！

ゲーム理論批判派

37 オークション

売り手が1人の市場

売り手1人に対し、買い手が1人のときは交渉により価格が決まるのに対し、買い手が多数の場合はオークションや入札で価格を決めることも多いです。オークションは経済学で考える「市場」のもっとも単純な形式で、現に魚市場や青果市場などは「市場」という名前そのもので呼ばれています。

買い手同士が、お互いに安く財を手に入れようと戦略をめぐらすオークションは、ゲーム理論が得意とする分析対象です。ここからはオークションについて考えてみましょう。

いろいろな種類

オークションにはさまざまな種類があります。典型的なものは魚市場やサザビーズなどで行われる、価格が上昇していく競り（イングリッシュオークション）です。これに対し、「バナナの叩き売り」などでは、競り人が500円、450円……と値段を下げていき、買い手が「買った」と声をかけたところで価格が決まります。価格が下降する形式のオークションは、ダッチオークションと呼ばれ、花市場などで用いられます。これらの2つは、相手の付け値がわかるため公開オークションと呼ばれます。

骨董品や古書では、買い手が紙に価格を書き封印して入札し、最高額入札者がその価格で購入する競争入札が行われます。このように相手の付け値がわからないオークションは封印入札と呼ばれます。封印入札には、最高額入札者が2番目に高い価格で購入するセカンドプライスオークションと呼ばれる入札も考えられています（40参照）。

いろいろなオークション

 → 売り手が1人で買い手が多数の市場

公開オークション

競り(イングリッシュオークション)
価格が上がっていく
➡ 魚市場・オークションハウスなど

ダッチオークション
価格が下がっていく
➡ バナナの叩き売り・花市場など

封印入札

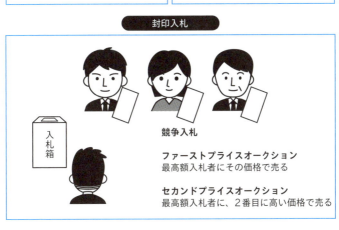

競争入札

ファーストプライスオークション
最高額入札者にその価格で売る

セカンドプライスオークション
最高額入札者に、2番目に高い価格で売る

38 競り

▶ 競りをゲーム理論で考える

オークションの分析で一番簡単なのは競りの分析です。33〜35の土地の売買交渉の例で、売主が競りで土地を売ったと考えてみましょう。「土地の競りなんて」と思われるかもしれませんが、不動産のオークションは注目されるビジネスモデルの1つです。オークションの参加者はB（評価額1,600万円）とW（評価額1,700万円）とします。

ここで、売主が最低限の価格である1,000万円から10万円ずつ値を上げていったとしましょう。1,580万円、1,590万円と価格が上がり、Bは自分の評価額1,600万円を超えたところで競りから降ります。かくしてWが1,600万円付近で落札することになります。

競りは交互ゲームなので、正確に分析するにはゲームの木を書きバックワードインダクションで解くことになります。ここでは省きますが、ゲームの解は確かに「各プレイヤーは自分の評価額を超えると競りから降り、自分の評価額以下では競りを続ける」となります。競りでは、正直に自分の評価額まで競りを続け、評価額で競りから降りれば良いのです。

▶ 2番目に高い評価額付近で落札する

この分析でわかることが2つあります。1つは、競りでは一番評価の高い者に財が渡る、ということです。もう1つは、落札価格は2番目に高い評価額（付近）となるということです。Wが1億円まで出す予定であっても、Bの評価額が1,600万円で変わらないならば、落札価格はやはり1,600万円付近になることがわかるでしょう。

競りによる土地売買

33〜35の土地売買を「競り」で行ってみよう

2人の参加者：W（評価額1,700万円）、B（評価額1,600万円）

値段が上がるたびに2人は苦しくなっていく

Bは自分の評価額1,600万円を超えたところで
「競り」から降りる
→ Wは1,600万円付近で落札する

以上から次のようなことがわかる

- 財の評価額が一番高い者が財を手に入れる
- 財の売買価格は、一番高い評価額に関係なく、2番目に高い評価額（付近）となる

39 インターネットオークションと自動入札方式

ビジネスにおける重要なモデル

インターネットオークションの出現は、オークションを身近なものにしました。ネットオークションで必要なものを買い、不要になったものを売る人は多くおり、ビジネスにおいてもネットオークションの活用は重要です。

日本のネットオークションの最大手である「ヤフオク！」は、自動入札方式という優れたオークション方式を導入しています。自動入札方式では、画面に「最高額入札者」と「現在価格」が表示されます。しかし最高額入札者の入札額は隠されており、「現在価格」に表示されるのは最高入札額自体ではありません。

新しい入札がなされた場合、もし新入札額が（隠された）現在の最高額より低ければ、最高額入札者はそのままで、現在価格は新入札額の1単位上に自動的に（即座に）更新されます。一方、新入札額が現在の最高額より高ければ、最高額入札者は新入札者になり、現在価格はそれまでの最高入札額の1単位上に更新されます。

自動入札方式は競りと同じ原理

自動入札方式は、競りを自動的に行う方法と考えられます。評価額を入力しておけば、相手の評価額がそれより低ければ評価額まで競り上がり、相手の評価額が高ければ、自分の評価額まで競り上がります。最終的には最高額の入札者が、2番目に高い入札額の1単位上の価格で落札することになります。

自動入札方式

現在価格　最高額入札者

売り手　開始価格　1,000円 ---> **1,000**円

最初は開始価格が現在価格

Aさん　入札額　1,500円 ---> **1,000**円　Aさん

Bさん　入札額　3,000円 ---> **1,600**円　Bさん

Cさん　入札額　2,300円 ---> **2,400**円　Bさん

終了時刻までつづく

（入札単位は100円とする）

AさんとBさんの間で自動的に競りが行われ、Aさんの入札額の1単位上が現在価格に。最高額入札者はBさん

BさんとCさんの間で自動的に競りが行われ、Cさんの入札額の1単位上が現在価格に。最高額入札者はBさん

※最終的には、それまでの入札額の中で2番目に高い価格（の1単位上の価格）で売買されることになる

40 セカンドプライスオークション

▶ 自動入札方式と同等の封入入札

　セカンドプライスオークションとは、最高額入札者が落札し、その売買価格は2番目に高い入札額となる封入入札です。この一風変わった方法は切手のオークションなどで使われています。

　38の競りによる土地売買の例で、セカンドプライスオークションが行われたとしましょう。たとえばBが1,600万円で入札したとすると、Wは1,600万円未満で入札すると落札できず（Bが落札）、1,600万円を超えて入札すると、その入札額がいくらであってもWが1,600万円で土地を買うことになります。

▶ 自分の評価額を入札することが良い戦略

　このゲームを同時ゲームで分析してみます（次ページ図）。図の解説でわかるように、自分の評価額を正直に入札することは、他のどの入札に比べても、すべての場合に「良いか同じ」利得を与えます。相手のすべての戦略に対して「良い」支配戦略ではありませんが、「良いか同じ」であれば、やはりこの戦略を選ぶのが合理的でしょう。このような戦略は弱支配戦略と呼ばれ、すべての参加者が弱支配戦略である「自分の評価額を入札する」という結果になります。

　セカンドプライスオークションのゲームの解は、すべてのプレイヤーが評価額を正直に入札し、その結果として2番目に高い評価額で売買が行われる結果になります。競りや自動入札方式と同じ結果になりましたね。

セカンドプライスオークション

セカンドプライスオークションを同時ゲームで分析する → WとBの競りによる土地売買の例で

利得の考え方：落札できないとき：0
　　　　　　　落札したとき　　：自分の評価額－売買価格
　　　　　　　　　　　　　　　　（2番目に高い入札額 今回は、相手の入札額）

Wの評価額1,700　Bの評価額1,600

W＼B	…	1,550	…	1,600	…	1,750
1,560	…	(150, 0)	…	(0, 40)	…	(0, 40)
⋮		⋮		⋮		⋮
1,700	…	(150, 0)	…	(100, 0)	…	(0, −100)
⋮		⋮		⋮		⋮
1,800	…	(150, 0)	…	(100, 0)	…	(−50, 0)
⋮		⋮		⋮		⋮

- Bが1,550で入札するとき、Wは1,550を超えた入札ならいくらで入札しても<u>1,550</u>で落札（利得はいずれも150）
- 評価額より小さい入札は、相手がその入札額以上の入札をしたときに落札できない可能性を生む
- 評価額より大きい入札は、相手が評価額以上の入札をしたときに、損失になってしまう

※評価額1,700を入札することは、Wにとって他のどの入札よりも、同じか高い利得になる

➡ **評価額を正直に入札することが良い戦略！（弱支配戦略）**

41 収益等価定理

▶ オークション理論

セカンドプライスオークションも競りも、ゲーム理論の解は「参加者は評価額を正直に入札し、その結果、参加者の2番目に高い評価額で売買が行われる」という同じ結果になりました。参加者の評価額という情報が正直に表明されるこの性質は耐戦略性と呼ばれ、制度やシステムを設計する上での良い性質と考えられています（75参照）。

それでは、私たちがよく知っているファーストプライスオークション（最高額入札者にその入札額で売る）の結果はどうなるのでしょうか？ 落札時に自分の入札額で売買が行われるため、入札者は評価額を正直には入札せずに、それより安く入札しようとします。しかし、安くしすぎると落札できる確率が減ってしまいます。このゲームの解は、オークション理論と呼ばれるやや高度な数学で与えられます。

▶ ファーストプライスオークションの結果

結果だけ述べると、ファーストプライスオークションのゲームの解は、（いくつかの条件のもとですが）「参加者の2番目に高い評価額の期待値で売買される」となります。期待値という点では、競りやセカンドプライスオークションと同じ結果になります。

驚くべきことに、最高額入札者と売買が行われるのであれば、どんなオークションを用いても「参加者の2番目に高い評価額の期待値で売買される」という結果になることが証明されています。この結果は収益等価定理と呼ばれています。

さまざまなオークションの分析

- セカンドプライスオークション
- 競り

→ 参加者は個人の情報（＝評価額）を正直に表明する

制度やシステム（メカニズム）の**耐戦略性**と呼ばれる

ファーストプライスオークション（落札者は自分の入札額で購入）はどうか？

確率と数学を使った分析（オークション理論）

ここでは、確率を用いない単純な設定で考察してみよう！

→ 前項の競りの例。もしBとWがお互いの評価額がわかっていたらいくらで入札するだろうか？

収益等価定理

もし評価額が分かっているならば？

▼

評価額が最高の参加者が2番目に高い評価額（付近）で落札する！

W
評価額 1,700万円

「Wには勝てそうにないが1,600万円で挑戦してみよう」

B
評価額 1,600万円

「1,610万円で入札すれば確実に安く買える！」

最高額の入札者が落札するすべてのオークション

- ファーストプライスオークション
- セカンドプライスオークション
- 競りなど…

いくつかの仮定 →

収益等価定理
売買価格の期待値は2番目に高い評価額の期待値となる

42 囚人のジレンマ——2国の環境汚染を例に

▶ 環境問題から町内会の問題まで

ゲーム理論の応用として、もっとも有名なモデルは、囚人のジレンマや社会的ジレンマと呼ばれるゲームです。このゲームは、環境問題・軍拡競争・渋滞などの社会問題から、激安競争などのビジネス、町内会やマンションの管理組合などの身近なところまで、さまざまな場面で現れます。ここでは以下の2国間の環境汚染と規制の例を用いて、「囚人のジレンマ」について考えていきます。

▶ 2国間の湖水汚染と経済負担のジレンマ

大きな湖をはさむ2つの小国、A国とB国は湖水を汲み上げて国の基幹産業に利用しています。近年、両国の排水が湖水を汚し、環境破壊のみならず産業自体にも悪影響を与えており、浄化基準を強化することが両国に求められています。

しかし、一方の国のみが浄化基準を強化すれば、もう一方の国は基準が現在のままでも湖の水質は十分なレベルに保てるということがわかっており、2国は協力するかどうかのジレンマに陥っています。

浄化基準の強化は、各国の産業に大きな費用負担を強いることになります。このための費用を研究開発や設備投資に使うならば、自国産業の国際競争力は相手国を凌ぎ、自国に利益を、相手国に損失をもたらすことになります。

以上の背景から、両国が基準強化に協力したときとしないときの10年間の経済損益が次ページに示すシナリオで表されるとします。両国はこの状況を熟知しているものとすると、どのような決定を行うべきでしょうか?

囚人のジレンマ

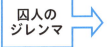 ゲーム理論のもっとも有名な例。地球温暖化、環境問題、軍拡競争、渋滞、町内会の役員、いじめなど

（例）A国とB国の2国のジレンマ

A国　　　　　　　B国

シナリオ

各国の行動	今後10年間の両国の経済損益
両国が浄化基準の強化に協力	両国とも相応の費用を負担するが、産業の国際競争力は同じで、汚染問題は解決するため、3億ドンの利益
一方の国が浄化基準の強化に協力し、他方の国は協力しない	協力した国は相応の費用を負担し、かつ産業面でも国際競争に負けるため、10億ドンの損失。一方、協力しない国は費用負担なく国際競争力を強化でき、6億ドンの利益
両国とも協力しない	両国の産業の国際競争力は同じであるが、汚染問題は解決しないため、5億ドンの損失

※ドンはA・B両国の通貨単位

43 囚人のジレンマの由来

▶ 「協力しない」が支配戦略

まず、A国の立場で考えてみましょう。B国が排水規制に協力するならば、A国は協力する（利得3）より協力しない（利得6）ことが良い選択です。一方、B国が協力しないとしても、やはりA国は協力する（利得－10）より協力しない（利得－5）ことが良い選択です。したがって、「協力しない」がA国の支配戦略となります。同様に、B国も「協力しない」が支配戦略となり、両国がともに協力しないことがゲームの解となります。しかし、2国が協力しないという結果は、2国が協力した結果よりもお互いにとって悪い結果を生みます。支配戦略を選択するという合理的に行動した結果が、両者にとって非合理な結果を生む。これが「ジレンマ」と呼ばれる所以です。数学者タッカーがこのゲームを説明するために用いた以下の寓話から、このゲームは「囚人のジレンマ」と呼ばれるようになりました。

▶ 「囚人のジレンマ」のお話

重罪を犯した2人が別件の軽微な罪で逮捕され自白を迫られています。2人は警察に「もし相手が黙秘し、お前だけが自白したなら無罪にしてやろう」と取引をもちかけられました。もし1人が黙秘し、1人が自白したならば、自白したほうは無罪、黙秘したほうは懲役25年となります。ただし、ともに自白した場合は懲役5年、ともに黙秘した場合は軽微な罪しか問えないので懲役1年とします。

この例では、お互いに自白することが支配戦略となりますが、その結果はお互いが黙秘するよりも悪くなります。

囚人のジレンマ

A国＼B国	協力する	協力しない
協力する	(3, 3)	(−10, 6)
協力しない	(6, −10)	(−5, −5)

※利得の単位は億ドン

- 相手が「協力する」の場合、自分は「協力しない」のほうが良い
- 相手が「協力しない」の場合、自分は「協力しない」のほうが良い

「協力しない」が２国の支配戦略

しかし、その結果は２国が協力するより悪い

囚人のジレンマの由来

- 自分だけが自白すれば無罪
- 相手だけが自白すれば懲役25年
- ２人とも自白すれば懲役５年
- ２人とも黙秘すれば懲役１年

囚人1＼囚人2	黙秘	自白
黙秘	(−1, −1)	(−25, 0)
自白	(0, −25)	(−5, −5)

※利得は懲役年数をマイナスで表したもの

44 囚人のジレンマの条件

▶ 囚人のジレンマの３つの条件

囚人のジレンマは、「相手が協力（黙秘）したときに、自分は協力しない（自白）ほうが良い。だが２人が協力しないと２人が協力するよりも悪い結果を生む」と単純化していわれることがあります。これだけでは「相手が協力しないときにも、自分は協力しないほうが良い」という条件が抜けており、チキンゲームと区別がつきません。以上の３つの条件が揃って、ゲームは「囚人のジレンマ」と呼ばれます。

▶ 軍拡競争、激安競争、環境問題

囚人のジレンマの例は多くあります。１つは軍拡競争です。相手国が軍備拡張しない（協力）なら、自国が拡張すれば（非協力）、相手国に優位になる。相手国が軍備拡張するなら、自国も拡張しなければ相手国に負けてしまう。しかし２国とも拡張した場合は、２国の優劣関係は現在と変わらず軍事費だけが増えてしまいます。

企業間の激安競争も囚人のジレンマです。相手が高値なら、自分が安値にすれば客を獲得できます。相手が安値なら、自分も安値でないと客を奪われてしまいます。しかし両方とも安値をつければ、双方が高値のときと獲得できる客数は同じで、しかも利益は減少してしまいます。

個人が合理的に行動すれば、社会はうまくいく ——。「囚人のジレンマ」は、このような素朴な合理性に対する論理的な矛盾を明らかにし、経済学や社会学、哲学、社会心理学に大きな影響を与えました。どうすれば囚人のジレンマは解決できるのでしょうか。これは第４章で考えることにしましょう。

囚人のジレンマの3条件

①相手が協力したときに、自分は協力しないほうが良い
②相手が協力しないときも、自分は協力しないほうが良い
③しかし2人が協力しないならば、2人が協力するよりも悪い結果になってしまう

②がないとチキンゲームになる

囚人のジレンマの例

軍拡競争

A国＼B国	縮小	拡張
縮小	(○, ○)	(×, ◎)
拡張	(◎, ×)	(△, △)

激安競争

＃＃ハンバーガー 50円　☆☆ハンバーガー 45円

＃＃＼☆☆	高値	安値
高値	(○, ○)	(×, ◎)
安値	(◎, ×)	(△, △)

他にも……
ゴミ問題、地球温暖化、渋滞、駅前の迷惑駐車、いじめ、町内会の役員など

**では、いったいどうやって解決すれば良いのか？
次章で考えてみよう**

コーディネーションゲーム

　他のプレイヤーと同じ行動を選ぶと利得が高く、異なると低くなるゲームをコーディネーションゲームと呼びます。ビデオデッキ（ベータかVHSか）、パソコン（WindowsかMacか）、SNS（Facebookかインスタグラムか）など、他者と同じ製品を選びたいと考える消費者に対するデファクト・スタンダードの分析は、コーディネーションゲームの代表例です。

　他にも、株式市場（他の人が買う株を買いたい）、同窓会（皆が行くなら行きたい）、エスカレータの右と左のどちらを空けるか（同じ方向を空けたい）などコーディネーションゲームは至るところに現れます。

　このゲームは、全員が同じ行動を選ぶことがナッシュ均衡になります。どの行動を選ぶかでナッシュ均衡は複数ありますが、そのどれが解になるかは難しく、均衡選択の問題と呼ばれ研究されています。

　東京と大阪では、エスカレータの左右どちらを空けるかが異なります。歴史や社会慣習がゲームの解を導くフォーカルポイント（27参照）という考え方も、この問題を解く1つの鍵です。

第 4 章

発展
循環多数決、繰り返しゲーム、トリガー戦略

45 交互ゲームと同時ゲームの混合形

▶ 囚人のジレンマに対する１つの解決法

前章では最後に、個人が合理的に行動しても、その結果が全体として合理的にならない「囚人のジレンマ」について説明しました。囚人のジレンマはどうすれば解決するのでしょうか？　１つは、非協力的な行為に対して罰則や報復を与える協定や契約を、事前に結ぶという方法があります。

２国のジレンマでこれを考えてみましょう。ここでお互いに環境に対する監視団を相手国へ送り、もし基準が守られていない場合は、相手国に９億ドンを支払う協定を考えます。問題は、この協定に２国が合意するかどうかです。

そこでこの提案に対し、まずＡ国が合意するかどうかを決め、次にＢ国が協定に合意するかどうかを決めるとしましょう。２国が合意したときのみ協定は成立し、１国のみの合意では成立しないとします。

▶ 交互ゲームと同時ゲームの混合形を解く

上記の状況では、ここまでの２国のジレンマが、協定に合意するかどうかの新しいゲームに変わりました。新しいゲームは、交互ゲームと同時ゲームを混合した形です。では、ゲームの解はどのように求められるのでしょうか？

交互ゲームと同時ゲームを混合した形でも、ゲームの解を求める原理は同じです。各プレイヤーは起きる結果を先読みして、最適な選択を行います。すなわち、結果からさかのぼって解を求めていけば良いのです。44でそれを考えてゲームを解いてみましょう。

囚人のジレンマの解決法：協定を結ぶ

 個人が合理的に行動しても、全体としては非合理的な結果となる

１つの解決法として、「非協力的な行為には、罰則や制裁を行うように、あらかじめ当事者間で協定や契約を結んでおく」というものがある

２国のジレンマと協定

もとのゲーム

A国＼B国	協力	非協力
協力	(3, 3)	(−10, 6)
非協力	(6, −10)	(−5, −5)

「監視団を送り合い、非協力的な行動を取った場合は罰則9（億ドン）を相手に払う」というルールを作り、ゲームを変える。すると……

- **双方が協力する**
  罰金は発生しないので利得は3のまま
- **一方が協力し、もう一方が協力しない**
  協力した国：−10＋9＝−1　協力しない国：6＋(−9)＝−3
- **双方が協力しない**
  お互いに9を払い合うので利得は−5のまま

新しいゲーム

協定後のゲーム

A国＼B国	協力	非協力
協力	(3, 3)	(−1, −3)
非協力	(−3, −1)	(−5, −5)

46 部分ゲームと部分ゲーム完全均衡

▶ 大きなゲームの部分でありながら1つのゲーム

このゲームでは、両国が協定に同意した場合と、どちらかの国が同意しない場合に起きる3つの同時ゲームの結果を先に考えます。これらの3つの同時ゲームは、全体の大きなゲームの部分でありながら、1つのゲームにみなせるため、部分ゲームと呼ばれます。

まず、両国が協定に合意した場合の同時ゲーム（部分ゲーム）を考えます。この場合は違約金があるため、2国とも「協力する」が支配戦略となり、これが部分ゲームの解となります。また、A国あるいはB国が同意しない場合の2つの同時ゲームは、本来の2国のジレンマそのものですから、2国とも「協力しない」が結果となります。

この同時ゲームの結果を「先読み」すれば、両国とも協定に同意することが全体のゲームの結果となります。

このように交互ゲームや同時ゲームの混合形では、部分ゲームを独立したゲームと考えて解を求めます。交互ゲームにおけるバックワードインダクションは、この考え方の特殊形であることがわかります。このようなゲームの解を、部分ゲーム完全均衡と呼びます。

▶ 協定や契約が機能しない場合

囚人のジレンマは、非協力的な行為に対して、45のように罰則を与える協定や契約をあらかじめ結ぶことができれば解決できます。しかし国家間などでは、制裁や罰則が機能する協定や条約を結べるとは限りません。このような場合の解決法については、後で考えます。

交互ゲームと同時ゲームの混合形

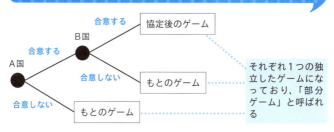

それぞれ1つの独立したゲームになっており、「部分ゲーム」と呼ばれる

3つの「部分ゲーム」の結果を先読みすると

協定後のゲーム

A国\B国	協力	非協力
協力	(3, 3)	(−1, −3)
非協力	(−3, −1)	(−5, −5)

両国とも「協力」が支配戦略。
利得は（3, 3）
（囚人のジレンマは回避）

もとのゲーム

A国\B国	協力	非協力
協力	(3, 3)	(−10, 6)
非協力	(6, −10)	(−5, −5)

両国とも「非協力」が支配戦略。
利得は（−5, −5）
（囚人のジレンマそのもの）

部分ゲームを先読みすると

両国とも協定に合意する

部分ゲームの結果を「先読み」してバックワードインダクションで解く

部分ゲーム完全均衡

47 決定の順序と戦略的投票

社会選択論と決め方の科学

ゲーム理論と密接な関連をもつ学問に社会選択論があります。これは、私たちが物事を決めるときにどのように決めるべきかを考える研究分野です。ここではJ国という仮想国の国会審議の例を通して、社会選択論の基本的な例である循環多数決とゲーム理論の関係について見てみましょう。

J国の国会審議

J国国会は100の議席からなり、自慢党（J党）45席、光迷党（K党）20席、民衆党（M党）35席となっています。通常はJ党とK党が連立政権を組んでいますが、今回J党が提出した政治改革法案に対して、K党はそこに含まれる「政教分離強化」条項に反対し、修正を強く求めています。

J党は原案の可決を望んでおり、もしどうしてもだめならば修正案とし、廃案は避けたいと考えています。K党は修正案を望んでおり、もしそうでないなら廃案とし、原案の可決は阻止したい考えです。M党は法案に反対で廃案を望んでいますが、通ってしまうのならば政教分離強化を盛り込んだ原案の可決を望み、修正案は避けたいと考えています。

さて、J党の国会対策委員長は審議の順番として、「まず原案可決か廃案かを議決し、可決ならば原案を修正するかどうかを決め、廃案の場合には再度、修正した案で廃案か採択かを審議する」という議決方法を提案しました。これに対し野党M党は「先に原案か修正案かを決めた後で、その案に対し採択か廃案かを決める」としています。両者の審議順序に違いはあるのでしょうか。

J国の国会審議

J国の議席数

J党	45
K党	20
M党	35
合計	100

2党が賛成すると過半数となる

政治改革法案
政教分離条項を加える（原案）？　削除する（修正案）？
否決する（廃棄）？

各党が望む案の順位

	第1位	第2位	第3位
J党	原案	修正案	廃案
K党	修正案	廃案	原案
M党	廃案	原案	修正案

審議の順番

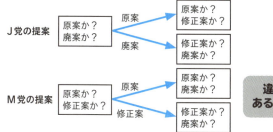

48 循環多数決

▶ コンドルセのパラドックス

47の例で各党は好む案に正直に投票すると仮定しましょう。すると、「原案か廃案か」の多数決では廃案が、「廃案か修正案か」の多数決では修正案が採択されます。原案より廃案、廃案より修正案が採択されるならば、「原案か修正案か」を多数決で比べると修正案が採択されそうですが、結果は原案が採択されます。この状況は、循環多数決またはコンドルセのパラドックスとも呼ばれます。

循環多数決の状況では、審議順序によって結果が異なります。J党とM党が提案する2つの決め方に対し、各党は各場面で好む案に「正直に」賛成するとして考えてみましょう。

J党の提案ではまず「原案か廃案か」を決めるためいったん廃案となりますが、次に再度「廃案か修正案か」を審議するため、最終的には修正案が採択されます。一方、M党の提案では、まず「原案か修正案か」を決めるため原案が採択され、次に「原案か廃案か」を審議するので廃案となります。

各党が正直に投票するならば、J党の提案する決め方では修正案、M党の提案では廃案となります。これを読んだK党はJ党の決め方に賛成し、J党の提案した順序で審議を行うことになりました。さて、結果は…?

▶ 正直に投票するとは限らない──戦略的投票

審議を開始すると驚くべきことが起こりました。最初の「原案か廃案か」を採決する際にM党は原案賛成に回ったのです。K党が呆然とする中、次に原案を修正するかどうかの審議となって、原案がそのまま可決されたのでした!

審議の順番によって結果が変わる

各党が正直に意思表明した場合

J党が提案した審議順序

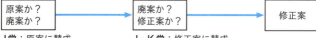

J党：原案に賛成
K・M党：廃案に賛成

J・K党：修正案に賛成
M党：廃案に賛成

M党が提案した審議順序

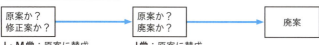

J・M党：原案に賛成
K党：修正案に賛成

J党：原案に賛成
K・M党：廃案に賛成

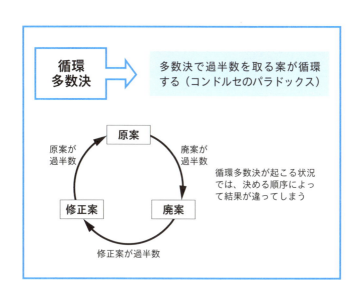

循環多数決が起こる状況では、決める順序によって結果が違ってしまう

49 戦略的投票 ――ゲーム理論で考える

▶ 先読みで解く

なぜM党は、原案より廃案を好んでいるにもかかわらず、最初に原案賛成に回ったのでしょうか？ J党提案の審議順序をゲーム理論で考察してみます。戦略的投票と呼ばれるこのゲームも、同時ゲームと交互ゲームの混合形になり、「先読み」によって解きます。そこでまず、第2段階の「原案か修正案か」「廃案か修正案か」の2つの同時ゲーム（部分ゲーム）の結果について考えてみます。

▶ 第2段階では正直に賛成。しかし第1段階では？

第2段階で各党は、好む案に投票することは、好まない案に賛成するより「同じ」か「良い」戦略となります。すなわち、好む案に投票することが弱支配戦略となります。したがって第2段階では、すべてのプレイヤーは正直に自分の好む案に賛成します。この結果、第2段階は「原案か修正案か」では原案に、「廃案か修正案か」では修正案になります。第2段階は、各党の希望を正直に反映した結果となります。

問題は、第1段階でこの結果を先読みするとどうなるかです。第1段階で原案が採択されれば、第2段階でもそのまま原案が採択されますが、廃案となれば、第2段階では結果的に修正案が通ります。このことから、第1段階での「原案か廃案か」の選択は、「原案か修正案か」の選択と同じになり、J党とM党は原案、K党は修正案を選びます。したがって、第1段階でM党は実際の党の希望と異なり「原案」の賛成に回ることになったのです。J党は、このような戦略的思考から審議順序を提案したのでした。

戦略的投票

J党が提案した審議順序をゲーム理論で解く

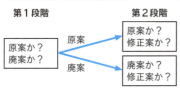

2段階目の部分ゲームを「先読み」する

第2段階では

ケース1：自分の党以外の2党が、同じ案に賛成しているとき
　➡ 自分の党はどちらに賛成しても同じ結果
ケース2：自分の党以外の2党が、異なる案に賛成しているとき
　➡ 自分の党は自分の好む案に賛成すれば、それを可決できる

第2段階では、自分の党の好む案に賛成することは、好まない案に賛成するよりも、すべての場合に「良い」か「同じ」
（弱支配戦略）
↓
各党は自分の党の好む案に正直に賛成する

第2段階の結果を「先読み」する

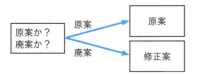

第1段階で廃案に賛成することは、実は修正案に賛成することと同じ

第1段階では「原案vs.廃案」ではなく、「原案vs.修正案」を比較することになる

J・M党：原案＞修正案 ➡ 「原案」に賛成
K党：修正案＞原案 ➡ 「廃案」に賛成

M党は「原案」に賛成し、最終的にも原案が採択される

50 繰返しゲーム

▶ 同時ゲームと交互ゲームの究極の混合形

同じ同時ゲームを何度も繰り返し行うゲームを繰返しゲームと呼びます。繰返しゲームは、長期にわたるプレイヤーの関係を分析する手法です。ここでは、その代表的な例である囚人のジレンマの繰返しゲームについて述べます。

囚人のジレンマは、非協力的な行為に対し、事前に罰則や罰金を科す協定や契約を結ぶことができれば解決可能なことは45でお話ししました。しかし、有効な制裁や協定を結ぶことが難しい国家間や、契約になじまない日常の問題には当てはめることができません。では、制裁や罰金なしで、囚人のジレンマを乗り越えてお互いが協力することは、ゲーム理論では説明できないのでしょうか？

地球温暖化、貿易摩擦、職場の協力関係、町内会の問題など、通常、このような形の囚人のジレンマは1度きりではなく、長期にわたり同じ状況に直面します。つまり、繰返しゲームと捉えることができます。このような長期にわたるゲームでは、プレイヤー間に協力の可能性があることが知られています。ここでは「2国のジレンマ」の繰返しゲームを用いて、この問題を解説してみることにしましょう。

▶ このゲームもゲームの木で考える

繰返しゲームは第1回、第2回、第3回……と直線状にゲームが並ぶイメージではなく、ゲームの木と同じく各期の選択によって枝分かれをしたイメージで捉えられます。また、何期にもゲームが続く場合、その利得は割引因子と現在価値の考え方に従って求めます（51につづく）。

繰返しゲーム

| 繰返しゲーム | = | 同じゲームを何度も繰り返すゲーム |

同じ局面に何度も直面するプレイヤー間の長期的な関係を分析する

「囚人のジレンマ」の繰返しゲーム
「囚人のジレンマ」は長期的関係によって協力は達成可能か？

2国のジレンマの繰返しゲーム —— 3回繰り返す例

1回目

A\B	協力	非協力
協力	(3, 3)	(−10, 6)
非協力	(6, −10)〇	(−5, −5)

(協力、協力)
(協力、非協力)
(非協力、協力)
(非協力、非協力)

2回目

A\B	協力	非協力
協力	(3, 3)	(−10, 6)〇
非協力	(6, −10)	(−5, −5)

(協力、協力)
(協力、非協力)
(非協力、協力)
(非協力、非協力)

3回目

A\B	協力	非協力
協力	(3, 3)	(−10, 6)
非協力	(6, −10)	(−5, −5)〇

51 有限回の繰返しゲーム

▶ 3回繰返しゲームでの考察

さて、2国のジレンマの繰返しゲームを3回繰り返すと考えてみましょう。ゲーム理論では、「先読み」で後から解き、部分ゲーム完全均衡を考えるのでした。

第3回では、第2回までの利得はすでに決まっていますし、最終回なのでその選択が後続のゲームに影響を与えることもありません。よって、その回のゲームの利得が一番大きくなるように行動するため、(どんな部分ゲームでも) 1回きりの囚人のジレンマと同じ結果になります。

▶ 有限回の繰返しゲームはすべての回で協力しない

囚人のジレンマ3回繰返しゲームの最終回 (第3回) は、1回きりの囚人のジレンマと同じで、第2回までの選択に関係なくお互いが「協力しない」を選択します。

この結果をもとに第2回のゲームを考えます。第3回の結果は第2回の選択にかかわらず「お互いが協力しない」となりますので、第2回の選択が後続のゲームに影響を与えることはありません。このことから、第2回でもその回の利得が一番大きくなるように行動します。したがって、第2回も (第1回の選択が何であっても)「お互い協力しない」となります。

第1回も、その回の選択がそれ以降の回に影響を及ぼさないので、1回きりの囚人のジレンマとなり、「お互い協力しない」となります。結果は、「すべての回でお互いが協力しない」となります。ゲームを何回繰り返しても、有限回の繰返しゲームでは「すべての回でお互いが協力しない」という結果となり、囚人のジレンマは解決しません。

有限回の繰返しゲーム

3回繰返しゲームで考えてみよう

1回目

A\B	協力	非協力
協力	(3, 3)	(-10, 6)
非協力	(6, -10)	(-5, -5)

(協力, 協力)
(協力, 非協力)
(非協力, 協力)
(非協力, 非協力)

2回目

A\B	協力	非協力
協力	(3, 3)	(-10, 6)
非協力	(6, -10)	(-5, -5)

(協力, 協力)
(協力, 非協力)
(非協力, 協力)
(非協力, 非協力)

3回目

A\B	協力	非協力
協力	(3, 3)	(-10, 6)
非協力	(6, -10)	(-5, -5)

3回目の16個の部分ゲーム ➡ 最適な行動は？

- ➡ 1回目と2回目の結果（利得）は決まっている
- ➡ 3回目だけの「単独ゲーム」で、できる限り高い利得を得ようとする
- ➡ 3回目は1回だけの「2国のジレンマ」と同じ→両国とも「非協力」

2回目の4個の部分ゲーム➡最適な行動は？

- ➡ 1回目の結果は（利得）は決まっている。また、3回目の結果を「先読み」しても、どの結果も「両国とも非協力」で同じ
- ➡ 2回目だけの「単独ゲーム」で、できる限り高い利得を得ようとする
- ➡ 2回目も両国とも「非協力」

1回目のゲーム

- ➡ 2回目、3回目の結果を「先読み」しても、どの結果も同じ
- ➡ 1回目だけのゲームで、できる限り高い利得を得ようとする
- ➡ 1回目も両国とも「非協力」

1回目、2回目、3回目、すべて「両国とも非協力」

↓

「先読み」する限り、100回でも1,000回でもすべて「両国とも非協力」

52 無限回の繰返しゲーム

▶ 最終回を考えないくらいの長期間

最終回からの先読みで考える限り、囚人のジレンマは解決しません。しかし、繰り返し期間が長いときに、私たちはその終わりから先読みしてさかのぼるようには思考しないでしょう。このような長期間を表現するために、無限回の繰返しゲームというものを考えます。無限回は現実には存在しませんが、終わりからさかのぼれないくらいの長期間を表現したものです。結論からいえば、無限回の繰返しゲームでは囚人のジレンマでも協力を達成できる可能性が生まれます。

▶ 長期間のゲームの利得と割引

長期間の繰返しゲームでは、割引利得という考え方が重要です。これはゲーム理論に限らず企業財務やファイナンスにも現れる、「将来のお金は現在の同額のお金より価値が低い」という考え方と同じです。

1期間後の利得を現在価値に変換するには、割引因子という概念を用います。割引因子Dのとき、1期間後の100万円は現在の価値で100D、2期間後の100万円は100D×D＝$100D^2$となります。たとえばD＝0.9とすると、1期間後の100万円は現在価値で90万円、2期間後の100万円は現在価値では81万円になります。一般的にはT期間後のa円の価値はaD^T円と表すことができます。

多数回繰り返す囚人のジレンマでは、将来と現在の利得をどのように換算するかという問題が起こり、割引因子の大きさが重要になります。

無限回の繰返しゲーム

| バックワードインダクションで「最終回」からさかのぼって考えられないくらいの長期間 | ▶ | 無限回の繰返しゲーム |

割引利得 ➡ 無限回でも有限回でも長期のゲームでは重要！

| 将来の1万円は、現在の1万円より価値が低い | ▶ | 割引利得という考え方！ |

割引因子D＝0.9とすると？
- 1期間後の100万円 ➡ 現在の価値 100万×0.9＝90万円
- 2期間後の100万円 ➡ 現在の価値 (100万×0.9)×0.9＝81万円

| 一般的に割引因子をDとしたときのT期間後のa円の価値 | ▶ | aD^T円 |

割引因子Dのもとで、ずっと利得aを獲得したとき
$$a + aD + aD^2 + \cdots = \frac{a}{1-D}$$
＝ **無限等比級数の和の公式**

少し複雑だが、ファイナンスなどでも頻繁に出てくるので（配当や地代を合計し、株価や土地の価格を算出）、覚えておいて損はない！

53 トリガー（引き金）戦略

▶ 無限回の繰返しゲームの戦略

　無限回の繰返しゲームでの戦略は、各期にそれまでの相手と自分の行動に応じてどの行動を選ぶかを細かく決めるため、無限個の戦略があります。そこで、「第1回は協力し、その後は相手が協力を続ける限りは自分も協力する」が、「一度でも非協力な行動を取れば、それをトリガー（引き金）としてその後はいかなるときも協力しない」というシンプルな1つの戦略に着目しましょう。この戦略は、トリガー戦略と呼ばれます。お互いにトリガー戦略を選ぶと「無限期間ずっと協力する」という結果が得られます。

▶ 相手がトリガー戦略を選択しているとき

　相手がトリガー戦略を選択しているとき、他の戦略を選ぶとどうなるでしょうか？　それが一度も非協力な行動を取らない戦略であれば利得は同じです。一度でも非協力な行動を取ると、その1回だけは利得が高くなりますが、後は相手の協力が得られないので利得が下がります。

　上記の例だと、1回非協力な行動を取ると、ずっと協力しているのに比べて（利得3）、その回だけ利得は3増加（利得は6）しますが、それ以降は少なくとも8減少し（利得は－5）、悪ければ13減少（利得は－10）します。このことから割引因子Dが11分の3以上であれば、トリガー戦略を選ぶことが、他のどんな戦略以上の利得を与えます。このように囚人のジレンマの無限回の繰返しゲームでは、割引因子が大きい（割引が小さい）ときにはトリガー戦略で、お互いが協力し続けることがナッシュ均衡になると証明できます。

トリガーを引くか？ 否か？

トリガー戦略

- 最初は「協力」
- 相手がそれまでのすべての回で「協力」➡ 協力
- 相手がそれまでに一度でも「非協力」を選んだ ➡ 非協力

相手がトリガー戦略を選んでいるとき

◎ 自分もトリガー戦略を選ぶと？ ➡ ずっと協力
◎ トリガー戦略以外を選び、「ある回」で「非協力」の行動を選ぶとき

（「ある回」の1つ前まで　　　　「ある回」で　　それ以降は良くて−5
　　ずっと協力）　　　　　　　　　+6　　　　　悪ければ−10

　　3, 3 ……… 3　　　　　　　6　　　　−5, −5, −5……

トリガーを選んだときとの差

「ある回」では3増加、しかしそれ以降は良くても8（悪ければ13）減少

割引利得を考えると

$$3 \leq 8D + 8D^2 + 8D^3 \cdots = D(8 + 8D + 8D^2 + \cdots) = \frac{8D}{1-D}$$

ならばトリガーを選んでいたほうが良い！

$\boxed{3 \leq \dfrac{8D}{1-D}}$ ▶ $D \geq \dfrac{3}{11}$ のとき、トリガーを選び合うことはナッシュ均衡となる

54 協力の達成とフォーク定理

▶ 長期的な見方が協力を達成する

前項で見たように、囚人のジレンマでは割引因子がある程度大きければ協力を達成できます。割引因子が大きい（割引が小さい）というのは、現在に対する将来の利得の価値をある程度以上高く考えていることを意味します。将来を考えず、現在の利得だけを見る近視眼的な（割引因子が極端に低い）プレイヤーは、それだけ協力の達成が困難になります。

▶ 罰則の役割と重要性

２国のジレンマで、あらかじめお互いが協力する協定や契約を結び、破った場合は「罰則」を加える第三者がいれば、協力が達成されることは先に示しました。これに対し、長期間にゲームが続く無限回の繰返しゲームでは、罰則を加える第三者がいなくとも、「トリガーを引けば永遠に協力しないぞ」という「罰則」をプレイヤー自身が作り出すことができるため、協力が達成できています。

裏切りに対する罰則によって協力が達成されるという意味では、この２つは同じ含意を示しているともいえます。

さて、このしくみを使えば、「５回に４回は両国が協力し、残る１回はA国が非協力でB国が協力」（A国が少し得をする）などの複雑な戦略を決め、それを破るとトリガーを引く、という戦略も均衡になります。このようにして無限回の繰返しゲームでは、お互いが協力することを含むさまざまな利得を達成できます。この結果は、ゲーム理論研究者の中の民間伝承（フォークロア）としてずっと知られていたため、フォーク定理と呼ばれています。

「長期的関係」による囚人のジレンマの解決

囚人のジレンマでの協力の達成

- **長期的な視点**…一時的な損得より長期的な損得
- **罰則の重要性**…プレイヤー自身が作り出す懲罰

トリガーを
引く

一時的に得をしても

その後は争い続ける

トリガーを
引かない

ずっと協力し続ける

〈フォーク定理〉

無限回の繰返しゲームでは、さまざまな利得が達成される

研究発表されたものではなく、ゲーム理論研究者の間の民間伝承（フォークロア）として知られていた

フォーク定理

55 アクセルロッドの実験とオウム返し戦略

▶ 囚人のジレンマを実験する

無限回の繰り返しにおける「無限」は実際には存在しませんが、「有限」の期間で被験者を使って囚人のジレンマを「実験」すると、現実には人はさまざまな戦略で協力を達成することが知られています。有名な実験は、アクセルロッドが1980年に行った「コンピュータ試合」です。この試合では、14人の参加者が囚人のジレンマを200回繰り返してプレイするコンピュータプログラムを作って総当たりで戦い、どのプログラムの総得点がもっとも高いかを競い合いました。

▶ 相手の前回の戦力をそっくり真似する

プログラムの中には非常に複雑な戦略もありました。しかし、優勝したのはラパポートという研究者が作ったもっとも単純な「前回に相手が協力したなら協力し、協力しなかったならば協力しない」という戦略でした。相手の前回の戦略をそっくり真似するこの戦略は、オウム返し戦略と呼ばれます。

オウム返し戦略は、協力しない相手に罰則を与えるという点では、トリガー戦略と同じく罰則を有効に使っています。しかし、永遠ではなく、相手が協力に転じれば自分も協力をするということで、協力関係を誘発して復活させます。そして何よりもシンプルであることに、皆が驚きました。オウム返し戦略が、囚人のジレンマを解決するもっとも単純で有効な戦略の1つなのです。

このような囚人のジレンマの繰返しゲームの実験やシミュレーションは実験経済学を中心に数多く行われ、数々の結果が知られています.

オウム返し戦略

アクセルロッドの「囚人のジレンマコンピュータ試合」
- 14人の参加者が囚人のジレンマをプレイするコンピュータプログラムを作成
- 200回繰り返してプレイ
- 総当たり戦

多くの研究者が工夫を凝らして作ったプログラムが試合をした結果、もっとも得点が高かったのは ▶

「オウム返し戦略」

相手の前回の戦略をそっくり真似る（1回目は協力する）

- その後、200人の参加者が再度挑戦
  ➡ やはり「オウム返し戦略」が一番

〈オウム返し戦略の特徴〉
- 罰則を有効に使う
  ➡ 協力しない相手にはしっぺ返し
- しかし、トリガーのように永遠ではない
  ➡ 協力関係の復活

恨みを根にもつと得はしない！！

56 スポーツの戦略とゲーム理論

▶ スポーツの試合はまさに「ゲーム」

スポーツの試合は、まさに「ゲーム」であり、ゲーム理論による思考が役立つ格好の対象です。多くのスポーツの重要な場面では、戦略としてある種の「賭け」が要求され、これがスポーツ観戦をおもしろくする要素となっています。ここには、ゲーム理論の本質となる考え方が含まれています。サッカーのPK戦を例に、考えてみましょう。

▶ サッカーのPK戦

サッカーの試合では、決着がつかないときに、ボールを蹴るプレイヤー（以下「キッカー」）とキーパーが1対1で対決するPK戦が行われます。キッカーは、キーパーが届かないゴールの右端か左端に狙いをつけてボールを蹴りますが、キーパーはそれを見越し、一か八かキックの直後に右か左に動きます。

この問題を、（キッカーから見て）右と左のどちらに蹴るかを戦略とした同時ゲームとして考えてみます。同方向に動いた場合もキーパーは必ず阻止できるわけではなく、逆に動いた場合もキッカーは必ずゴールできるわけではありません。そこで、キッカーの利得をゴールする確率とし、キーパーの利得はゴールしない確率とします（したがって、両者の利得を足すと必ず1になります）。異なる方向に動いたほうが同じ方向に動くより、ゴールする確率は高くなると考えます。

また、今回はキッカーが右側へのシュートが得意（ゴールする確率が高くなる）と考えて、次ページのような利得行列で考えます。ゲームの解はどうなるでしょうか？

PK戦（サッカー）の同時ゲーム

スポーツの試合は、まさに「ゲーム」。
戦略としてある種の「賭け」が必要

ゲーム理論の本質であり、
出発点でもある考え方が隠されている

《サッカーのPK戦を同時ゲームで考える》

- キッカーの蹴る方向に跳びたい
- キーパーの跳ぶ方向と逆に蹴りたい

キーパーの利得
ゴールしない確率

キッカーの利得
ゴールする確率

たとえば

キッカーが右に蹴り、キーパーが左に跳ぶと……

ゴールする確率は90%
ゴールしない確率は10%

キッカー \ キーパー	右	左
右	(0.4, 0.6)	(0.9, 0.1)
左	(0.6, 0.4)	(0.3, 0.7)

右へのシュートが得意なキッカーは、右に蹴るのが得策なのだろうか？

57 ナッシュ均衡のない ゲーム

▶ ナッシュ均衡の存在しない同時ゲーム

56の同時ゲームでは、キーパーが右に跳ぶならキッカーは左。キッカーが左を狙うならキーパーは左……と、どの戦略の組み合わせも片方のプレイヤーは戦略を変えたほうが良くなります。言い換えると、お互いに戦略を変えても良くならない戦略の組み合わせである「ナッシュ均衡」は存在しません。ここまでで学んだゲーム理論では、このゲームは解けないのです。テニスでのフォアを狙うかバックを狙うか、野球での変化球を狙うか直球を狙うか——。スポーツのゲームにはこのような状況がよく出てきます。

▶ 確率的に戦略を選択する「混合戦略」

実は、ゲーム理論の創始者のフォン・ノイマンらが最初に問うたのは、このような「見かけ上は解がないゲームにどのような解を与えるか」という問題でした。フォン・ノイマンらが考えたこのゲームを解く方法は、戦略を1つに決めず確率的に選ぶという、混合戦略の考え方を導入することでした。

戦略を確率的に選ぶある種の「賭け」。これは、それほど不自然なことではありません。「どの戦略の組み合わせも、片方のプレイヤーが戦略を変えたほうが良くなる」ようなゲームの代表例は、じゃんけんです。じゃんけんに勝つ方法、それはどれかの手を偏って出すのではなく、すべての手を3分の1ずつ組み合わせて出すことです。このことからサッカーのPK戦でも、キーパーもキッカーも右か左かをある確率で選択することが、最適な解となるのは理解できます。

では、どのような確率で選択すれば良いのでしょうか？

ナッシュ均衡の存在しないゲーム!?

キッカー\キーパー	右	左
右	(0.4, 0.6)	(0.9, 0.1)
左	(0.6, 0.4)	(0.3, 0.7)

お互いに同じ方向なら
➡ キッカーは戦略を変えたほうが良い

お互いに違う方向なら
➡ キーパーは戦略を変えたほうが良い

ナッシュ均衡は存在しない？？

《じゃんけんも同じ》

1\2	グー	チョキ	パー
グー	(0, 0)	(+1, −1)	(−1, +1)
チョキ	(−1, +1)	(0, 0)	(+1, −1)
パー	(+1, −1)	(−1, +1)	(0, 0)

相手がグーなら自分はパー
↓
自分がパーなら相手はチョキ
↓
相手がチョキなら自分はグー
↓
⋮

つまり、「ナッシュ均衡」は存在しない

《確率的に戦略を選択する「混合戦略」》

じゃんけんの場合:「グー」を出すなどの確定的な戦略は読み合って行き着く先ではない

ある確率で戦略を選択する「戦略」＝混合戦略
➡ じゃんけんは3分の1の確率で、グー・チョキ・パーのいずれかを選択して出す

58 期待値を考え、ゲームの解を求める

▶ 期待値を利得と考える

確率的に戦略を選択した場合の利得は、その期待値で考えます。ここで、キッカーの立場で考えてみます。相手のキーパーが右に跳ぶ確率をq、左に跳ぶ確率を1－qとすると、キッカーが右に蹴ったときのゴールの期待値は－0.5q＋0.9、左に蹴ったときは0.3q＋0.3となります（次ページ図参照）。たとえばキーパーが右と左に半々で跳ぶ（q＝1/2）ならば、キッカーのゴールの期待値は右に蹴ると0.65、左は0.45ですから、右に蹴ったほうが良いことがわかります。

▶ どちらか一方に蹴るのが良いとゲームの解にはならない

このようにキッカーが右に蹴る期待値が大きければ、キッカーは右に蹴るでしょう。しかし、それをキーパーが読めば、相手と同じ右に（q＝1）跳び、もはやq＝1/2ではありません。このことから分かるように、ゲームの解が「読み合って行き着く先」のナッシュ均衡であるためには、キッカーが右と左に蹴ったときの期待値が同じになるはずです。これを計算するとq＝0.75の確率（右に75％、左に25％）でキーパーは跳ぶことになります。キッカーの立場によってキーパーの解を求めるところが、ゲーム理論的思考ですね。

次に、キーパーの立場で考え、キッカーが右に蹴る確率をp、左を1－pとするならば、p＝3/8≒0.38の確率（右に38％、左に62％）で、キッカーが蹴ることがゲームの解であるとわかります。これが、確率で行動を選択する「混合戦略のナッシュ均衡」です。

混合戦略は期待値で考える

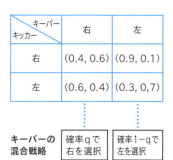

キーパーの混合戦略
右をq、左を1−qの確率で選択

キッカーの利得の期待値
キッカーが右に蹴ったとき
$0.4 \times q + 0.9 \times (1-q)$
$= -0.5q + 0.9$

キッカーが左に蹴ったとき
$0.6 \times q + 0.3 \times (1-q)$
$= 0.3q + 0.3$

たとえば、キーパーが右と左、半々に跳ぶ（q=1/2）ならば？

キッカーが右に蹴るときの利得　$-0.5 \times 1/2 + 0.9 = 0.65$
キッカーが左に蹴るときの利得　$0.3 \times 1/2 + 0.3 = 0.45$

➡ **右に蹴ったほうが良い**

> ゲームの解では「どちらか1方向に蹴ることが良い」とはならない！（前項で見たように「ナッシュ均衡」にはならない）
> ➡ したがって
> 　　右に蹴るときの期待値＝左に蹴るときの期待値

これを解くと、

$-0.5q + 0.9 = 0.3q + 0.3$
　➡ $q = 3/4 = 0.75$
同様にキッカーの混合戦略により右をp、左を1−pとすると、
$0.2p + 0.4 = -0.6p + 0.7$
　➡ $p = 3/8 ≒ 0.38$

59 戦略的思考の神髄

▶ 自分の得意戦略を使う確率は小さく

ゲームの解では、キッカーは右に蹴る（38%）よりも左に蹴る（62%）確率が高くなっています。キッカーは右に蹴ることが得意であるにもかかわらず、なぜこうなるのでしょう。

キッカーが相手のことを考えなければ、単純に右に蹴るはずです。しかしキーパーは、キッカーが右に蹴ると高い確率で得点されることを知っていますので、当然、右に跳ぶ確率を高くするでしょう。キッカーが、少々左に蹴る確率を上げても、キッカーの「右」を恐れて、キーパーは右へ跳ばざるを得ないでしょう。

キッカーは、それを読めば左への確率を高める戦略を選びます。自分の「得意技」を武器として、それを使わずに逆から攻める。テニスやボクシングにも通じるこの戦略は、ゲーム理論の戦略的思考の神髄を表しているといえます。

▶ ナッシュ均衡の存在

サッカーのPK戦やじゃんけんなど、一見するとナッシュ均衡が存在しないように思えるゲームも、混合戦略を考えるとナッシュ均衡が存在することがわかりました。混合戦略によるゲームの解は、近年はテロリストに対する警備を乱数で配置するなどの応用に使われるようになってきています。

一般にどんなゲームも（戦略がいくつでも、プレイヤーが何人でも）混合戦略を考えると必ず1つはナッシュ均衡が存在します。この凄い定理を証明したのは、他でもないナッシュで、彼はこの功績から、ノーベル経済学賞を受賞しています。

戦略的思考の神髄

自分の得意技を使うばかりでは能がない

得意のシュートを警戒させて左に蹴る確率を高める

得意戦略を使う確率は小さく
（たまに使うから意味がある）

《同様のケース》

「幻の右フック」を警戒させて左で決める

ボクシング

強いフォアを武器にしてバックで決める

テニス

ナッシュ均衡の存在

J・F・ナッシュ

どんなゲームでもいくつの戦略があっても、ナッシュ均衡は必ず存在する

1994年にノーベル経済学賞を受賞

ナッシュの半生は『ビューティフル・マインド』という小説となり、同タイトルで映画化された作品は2002年のアカデミー賞で作品賞他、4部門を獲得した

ナッシュ博士と『ビューティフル・マインド』

　現在のゲーム理論における中心的な概念は、ナッシュ均衡です。本章の最後にお話ししたように、戦略がいくつでも、プレイヤーが何人でも、混合戦略まで含めれば必ずナッシュ均衡が存在します。ナッシュ均衡を定義し、その存在を証明したナッシュは、この功績で1994年にノーベル経済学賞を受賞しています。

　1928年にアメリカに生まれたナッシュは、ナッシュ均衡の存在証明を発表した後くらいから精神の病にかかります。その波乱に満ちた半生は『ビューティフル・マインド』という本になり、映画化もされて2002年にアカデミー賞を受賞することになりました。

　2000年に開催された第1回のゲーム理論国際学会にナッシュは姿を現します。私もこのとき初めてナッシュと会いました。

　病気が少し回復し、研究も再開したナッシュでしたが、残念ながら2015年に交通事故で亡くなりました。

第 5 章

不確実性と情報
モラルハザード、逆選択、マッチング

60 不確実な状況下での ゲーム理論

不完備情報ゲームと情報の非対称性

前章までのゲームでは、プレイヤーを取り巻く環境に「不確実な要素」や「リスク」がありませんでした。このようなゲームを完備情報ゲームと呼びます。第4章の終わりに、戦略を確率的に選択する混合戦略について紹介しましたが、ここでもプレイヤーを取り巻く環境（利得行列・ゲームの木）には、不確実なことはありませんでした。

これに対し、プレイヤーを取り巻く環境が不確実で、相手や自分の利得が完全にはわからないような状況は多くあります。このようなゲームを不完備情報ゲームと呼びます。また不確実性のある環境では、一方のプレイヤーが情報を多くもち、もう一方は情報が少なく不確実性が多い状況が想定されます。この状況を、情報の非対称性と呼びます。

キーワードの解説を中心に

不完備情報ゲームや情報の非対称性を分析するゲーム理論は、「リスク」「モラルハザード」「シグナリング」「スクリーニング」など、日常生活やビジネスで注目されるキーワードについて、多くの示唆を与えてくれます。第5章では、このような不確実な状況下でのゲーム理論について考えていきたいと思います。

不完備情報ゲームに関しては、確率計算や数学的概念が多く必要となります。本書では具体的なゲーム理論のモデルは使わずに、その考え方を説明するのみに留めようと思います。詳細を知りたい読者は、これをきっかけにゲーム理論のテキストなどを読むと良いでしょう。

不完備情報ゲームの理論

第2〜4章では

プレイヤーを取り巻く環境に不確実な状況はない **完備情報ゲーム**

第5章では

不確実な環境下でのゲーム理論

| 相手や自分の利得がわからない | 相手と自分のもっている情報が異なる |

不完備情報ゲーム　　**情報の非対称性**

不完備情報ゲームのキーワード

- リスク
- 情報
- モラルハザード
- シグナリング
- スクリーニング

61 期待値と期待金額とリスク

▶ 期待値と同じ金額を確実にもらうことは等価ではない

不確実な状況下では、プレイヤーは確率を使って状況を推測し意思決定をします。「期待値」や「平均」は、そのための重要な要素です。まず、これについて考えてみましょう。

ここで「2分の1の確率で100万円が当たり、2分の1の確率で何ももらえない（0円）」とする「くじ」を考えます。このくじの金額の期待値（期待金額）は、$100 \times 1/2 + 0 \times 1/2 = 50$ で50万円です。では、この「くじ」と「確実な50万円」は、あなたにとって同じ価値でしょうか？

多くの人にとって「期待値50万円のくじ」と「確実な50万円」は等価ではありません。これは「くじのリスク」に対する考え方が、人によって異なっているからです。「くじ」より「確実な50万円」を好む人やその態度を、リスク回避的であると呼びます。多くの人はリスク回避的です。

またギャンブラータイプの人は、「くじ」を好むかもしれません。このような人や態度を、リスク選好的といいます。

▶ リスクプレミアムと確実性同値

リスク回避的な人も、「確実な1万円」よりは「期待値50万円のくじ」を好むでしょう。このことから、「確実なx万円」のxの金額を下げていくと、「くじ」と等価になるxがあるはずです。仮にある人にとって32万円とこのくじが等価だとすれば、期待値との差額18万円はリスクを回避するためにその人物が支払う金額と考えられます。この18万円をリスクプレミアムと呼び、32万円をくじと確実性同値の金額であるといいます。

リスク回避的とリスク選好的

期待値が50万円のくじ ≠ 50万円を確実にもらう

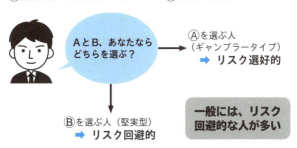

リスク回避的な人でも、くじと等価な金額はあるはず

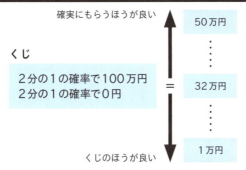

ここでは、期待値50万円のくじと「確実性同値」となる金額は32万円、リスクプレミアムは、50万円−32万円＝18万円となる

62 利得の期待値 ——期待利得

期待利得と期待金額を区別する

不確実な状況では、ゲームに確率を取り入れて、利得の期待値である期待利得を最大にするようにプレイヤーは行動すると考えます。

ここまで私たちは「利得」を「金額」と同じと考えてきましたが、リスクを考えるとそれでは不都合が起きます。そこで改めて、人の好みを表す数値である利得・効用とは何かを考えてみる必要があります。

61のリスク回避的な人の利得は、次ページのような100万円に対する利得を1、0円の利得を0と規準化したグラフで説明することができます。グラフでは32万円に対する利得が0.5で、50万円に対する利得が0.5より高くなっていることに注意してください。

このように利得を考えれば、「2分の1の確率で100万円、2分の1の確率で0円」という「くじ」の期待利得は、1/2 ×（100万円の利得）＋ 1/2 ×（0円の利得）＝ 1/2 × 1 ＋ 1/2 × 0 ＝ 0.5ですから、32万円と同じになり、「利得の期待値」と「確実な利得」の大小関係が、その人物の好みと一致し、整合的になります。

リスクを考慮した意思決定

上記のように、確率を用いるゲーム理論における利得は金額そのものではなく、リスクを考慮し、効用関数やリスクプレミアムを適切に評価しなければなりません。このような利得の評価や不確実な事象に対する確率の評価は難しく、実際に意思決定を行うときの大きな課題となっています。

期待金額と期待利得の違い

お金の利得を次のようなグラフで測ってみると……

リスク回避的な人の利得のグラフ

⬇

32万円の利得を0.5とする

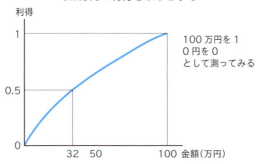

100万円を1
0円を0
として測ってみる

1/2 ×（100万円の利得）＋ 1/2 ×（0円の利得）
＝ 1/2 × 1 ＋ 1/2 × 0 ＝ 0.5 ＝（32万円の利得）

利得の期待値（期待利得）と同じ利得のお金を確実にもらうことは同じ好みとなる
➡ 「期待利得」と「確実な利得」を同じように扱い、値が大きいほうを好むと考えてよい

期待効用理論 ➡ 利得の期待値（期待利得）による意思決定が整合的であるための条件を明らかにする理論
➡ ゲーム理論の基礎となる理論

63 モラルハザード

▶ 保険加入者の倫理観欠如に由来した言葉

リスクや不確実な現象に対する利得の考え方をもとにして、いくつかのキーワードをゲーム理論で考えてみます。まずは<u>モラルハザード</u>についてです。

モラルハザードは道徳的危険や倫理観欠如と訳され、もともとは保険の用語でした。保険に入って安心した加入者が、事故や怪我に対する注意を怠り、かえって事故や怪我を誘発して、保険料の上昇を招くような事態を指します。モラルハザードは保険以外の用語としてもよく用いられています。政府による救済があると、経営者が努力を怠り経営危機を招くことがあり、これを（経営者の）モラルハザードと呼びます。

▶ 努力と結果の間にある不確実性の問題

第3章では、メーカーが代理店に商品販売を委託するゲームを考えました。このゲームでは代理店の努力を報酬や罰則に反映し契約することで、代理店の努力を引き出すことができました。しかし実際には、努力をしたかどうかがメーカーにはわからず、その結果である販売実績だけがわかるというケースが多いでしょう。また、たとえ努力が確認できたとしても、それを立証して契約に書くことはかなり難しい場合が多いです。そこで代理店に支払う報酬を努力ではなく、結果である販売実績に対して決める契約が現実的です。

もし努力が確実に販売実績につながるならば、その契約は高い努力に報酬を支払うことと同じ意味となります。しかし努力と結果（販売実績）は必ずしも直結するとは限りません。これがモラルハザードを引き起こす原因になります。

モラルハザード

モラル ハザード → 「道徳的危険」「倫理観欠如」

保険とモラルハザード

保険契約！ 　　　過信・注意不足　　　事故！

「事故が起きても保険があるから大丈夫！」

→ 全加入者の保険料が上昇

もともとは保険用語として用いられていたが、近年では下記のような企業倒産への公的資金投入などでも用いられるようになった

企業倒産とモラルハザード

「公的資金投入」の政府決定　　経営者の過信・放漫経営　　経営破綻！

A社の経営危機に対し、公的資金を投入……　×××ニュース

いざとなれば「公的資金」で……

B社　Bゴルフ場

→ 国民の負担が増加

64 モラルハザードのモデル

▶ 高い努力をしても失敗する確率を組み入れる

　ここで第3章の32のモデルに、「代理店が高努力をしても20％の確率で低努力をしたときと同じ結果になる」というリスクが生じるとしてみましょう。メーカーは代理店の努力は確認できず、販売による収益という結果でしか判別できないとします。ゲームの木は次ページのようになります。

　ゲームの木では、代理店が高努力を選択した後に自然と呼ばれる架空のプレイヤーが、確率0.8で成功し高収益が得られる場合と、確率0.2で失敗し低収益となる場合の2つの枝を選びます。このようにゲーム理論では自然というプレイヤーが確率で枝を選択すると考えて、不確実性を表現します。

▶ リスク回避とモラルハザードの関係

　メーカーが契約を結んだ後の代理店の行動を考えてみましょう。代理店が高努力を選んだときの期待金額は、0.2×0円＋0.8×60万円＝48万円で、低努力を選んだときは40万円が確実に得られます。代理店がもし期待金額を期待利得と考える（リスク中立的）ならば高努力を選択します。しかし、先に見たように期待金額は期待利得そのものではありません。もし代理店がリスク回避的で8万円以上のリスクプレミアムを見込むならば、高努力より低努力を選択するでしょう。

　このように代理店がある程度リスクを回避するならば、「インセンティブ契約」も効力を発揮せず、代理店は低努力を選択します。これがモラルハザードです。

　このことからモラルハザードには、努力を選択する側のリスクプレミアムが関係するということがわかります。

モラルハザードのモデル

32 インセンティブ契約のモデル

代理店の費用：低努力：0円　高努力40万円
販売による利益：低収益：50万円　高収益：170万円
メーカーから代理店への支払：低収益時：40万円　高収益時：100万円

32のモデル：低努力ならば必ず収益は低くなり、高努力ならば必ず収益は高くなる
ここでのモデル：低努力ならば必ず収益は低くなるが、高努力でも収益は高くなる。その確率は80％。なお、収益が低くなる確率は20％

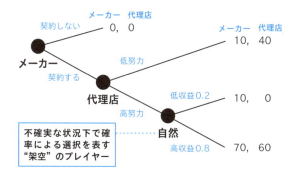

代理店が高努力を選んだ時の期待金額
　　　0.2×0円＋0.8×60万円＝48万円
もし期待金額＝期待利得（リスク中立的）だと
　　➡ 高努力を選択する
しかし、代理店のリスクプレミアムが8万円以上だと
　　➡ 低努力を選択する

 　努力を選択する側のリスク回避度が高いと起きやすい！

65 逆選択——相手の「属性」がわからない

▶ 個人の事故率は、個人の選択する行動か属性か

モラルハザードでは、被保険者が事故に注意するかどうかを被保険者が選択する行動と考えました。しかし、そもそも注意深く行動するかどうかは、本人の選択ではなく、生来備わっている性格や属性かもしれません。たとえば大学生を対象とした保険でも、ある学生の事故率が高い原因は、保険加入後にその行動を選択したからと考えるよりも、バイクに乗っていたり、登山部であったりと、加入前のその学生の属性によるものだと捉えるほうが自然でしょう。そう考えると、先の問題は被保険者が選択する行動が観察できないモラルハザードではなく、被保険者自身がどのような属性をもっているかが観察できない問題と捉えることもできます。

▶ 行動が不確実なモラルハザード、属性が不確実な逆選択

本来なら、平均的な学生の事故率を想定すれば成立する保険が、事故率の高い学生が多く加入したため保険料の上昇を招き、その結果、ますます事故率の低い学生が加入せず事故率の高い学生ばかりが加入する。このような「相手の属性が観察できないために、自分の好まない逆の属性が残ってしまう」現象を逆選択と呼びます。逆選択は、一方がもつ情報が他方には観察できない情報の非対称性から生じる問題です。

たとえば中古車や中古住宅の品質は、売り手はわかっていても、買い手から観察することが難しく、情報の非対称性が生じます。本来ならば、良い品に高い値段がつき、悪い品に低い値段がつくはずの市場の機能もうまく働かず、市場での取引が生まれないかもしれません。これも逆選択の例です。

モラルハザードと逆選択：選択か属性か？

注意不足は行動か属性か？

自動車事故

彼は注意深い行動を選択しなかったのか？

モラルハザード

彼は注意深く行動しない属性だったのか？

逆選択

逆選択

①事故率の高い人が保険に加入

割安でいいな

②事故率が上昇

わぁ〜!!

③保険料がUP！

この保険料ではやっていられません！

④事故率の低い人は解約

他の保険にしよっと

⑤加入するのは事故率の高い人ばかり

この料金でも事故の多い私には割安

⑤繰り返し

これでは、事故率の高い人ばかりに選択されてしまう

66 ベイズの定理

▶ 情報から推測確率を更新する

情報の非対称性があるゲームを考える際に、中心的な役割を果たすのがベイズの定理です。ベイズの定理は、得られた情報から推測確率の精度を更新する考え方です。「購買行動から消費者の属性の推測確率を更新し、どの商品を薦めれば良いかを決める」「メールに含まれている単語から迷惑メールである推測確率を更新する」などビッグデータや人工知能を用いた先端技術にベイズの定理が多く応用されています。

簡単な例でベイズの定理を説明します。ある国では英語能力の高い者が20%、低い者が80%であるとします。ここである英語の資格試験に対し、高能力者のうち50%は有資格者（50%は資格をもっていない）で、低能力者のうち25%は有資格者（75%は資格をもっていない）とします。企業の就職面接にその英語試験の有資格者がやってきました。彼が高能力者である確率は何%でしょうか？

▶ ベイズの定理による推測確率の更新

そもそもこの国では英語の能力が高い確率は20%でした。何も情報がない場合のこの確率を事前確率と呼びます。ここで資格という情報が推測にどんな影響を与えるでしょう。

資格取得と能力の双方を考慮し、人数の比率を考えます。高能力の有資格者は全体の10%（20%×50%）、低能力の有資格者は全体の20%（80%×25%）です。有資格者の中で高能力と低能力の比率は1：2になることから、有資格者において高能力者である人の確率は3分の1（33%）と考えられます。これがベイズの定理です。

ベイズの定理

高能力20%…その中の50%が有資格者
低能力80%…その中の25%が有資格者

有資格者が現われた時、その人が高能力である確率は？

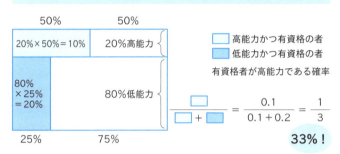

ある人が高能力である確率 ➡ 20%（事前確率）
「有資格者」という情報 ➡ 33%に確率を更新！（事後確率）

一般的には？

$P(A)$, $P(B)$ …Aである確率、Bである確率
$P(A \cap B)$ …AかつBである確率
$P(A|B)$ …Bであるという条件（情報）のもとでの、Aである確率

$$\text{ベイズの定理} \quad P(A|B) = \frac{P(A \cap B)}{P(B)}$$

（例）

有資格者である確率
$P(B) = 0.3$
高能力でかつ
有資格者である確率
$P(A \cap B) = 0.1$

➤ $P(A|B)$ 有資格者であるという情報が与えられたもとで、その人が高能力である確率

$$P(A|B) = \frac{P(A \cap B)}{P(B)} = \frac{0.1}{0.3} = \frac{1}{3}$$

67 ベイズの定理とゲーム理論

▶ 事前確率と事後確率

ある者の能力が高い事前確率は20％でしたが、有資格者であるという情報で、その確率が33％に更新されました。情報によって更新されたこの確率を<u>事後確率</u>と呼びます。

能力の低い者は25％しか資格が取れないにもかかわらず、そもそも能力が低い者が多いため、有資格者の能力が高い確率は33％に過ぎないということも注目すべき点でしょう。

資格の有無をはじめ、人々の行動は不確実な事象に対する情報を与えます。ラーメン屋の前の行列は、その店がおいしいという情報を運んでくれます。先日、晴れた日の電車の中で何人かの乗客が傘を持っていました。しばらくすると雨が降り出しました。私は天気予報を見ていなかったのですが、人々の行動は私に雨の情報をもたらしてくれました。

▶ 情報は操作される

「行動は情報を運ぶ」という考えは、興味深い視点です。しかし、行動は物理的現象ではなく、人間が自らの意思で選択しているということに留意しなければなりません。知人が山菜採りに出かけたときに、少し向こうに同じ山菜採りに来ている人を見かけ「おーい、そっちに山菜はあるか？」と聞いたら、「いやー、全然ないなぁ」と答えたそうです。知人は「それを信じるわけはないだろ」と言っていました。

電車の中で傘を持つ人も、ラーメン屋に並ぶ人も、その情報をこちらに知らせて損はありません。しかし利害関係があるときは、情報を与える相手の行動に戦略的思考の要素を考慮する必要が出てきます。

行動は情報を運ぶ

事前確率と事後確率

事前確率	情報	事後確率
すでに振られたサイコロ 自分は目はわからない 1の目が出ている確率は6分の1	出た目は奇数である	1の目が出ている確率は3分の1
その人の英語能力が高い確率は20%	英語試験の資格をもっている	その人の英語能力が高い確率は33%

行動は情報である

そのラーメン屋がおいしい確率は△△%	行列ができている！	ラーメン屋がおいしい確率は××%にup！
今日の雨が降る確率は△△%くらいだろう……	みんなカサを持っている！	雨が降る確率は××%にup！

行動による情報は操作される

あっちで山菜が採れる確率は△△%	「こっちには山菜は全然ないよー!」	山菜が採れる確率はdown？？
この商品が良い商品である確率は△△%	「芸能人の▽▽さんも使ってますよ！」	商品が良い確率はup？？

68 行動と情報
——資格試験を例に

▶ 高得点はコストをかければ選べるとする

67のモデルでは「低い能力の者は75％の確率で資格が取れず、25％の確率で資格が取れる」とし、試験の結果を「確率事象」として考えました。ここでは求職者が資格を取るか取らないかはコストをかけて「自ら選択する」とし、その行動が与える情報について考えます。能力の低い者は、学校に通うとか、自分の時間を多大に犠牲にして勉強するなど高いコスト x を払うことで資格を取れるとします。一方、高能力の者が資格を取るコストは非常に小さいとします。能力に関わらず企業に採用されないときの利得を 0 として、採用されたときの便益を y とします。

▶ 企業と求職者のゲームを考える

また、求職者を採用するかどうかは、企業が選ぶと考えましょう。この状況は、求職者が資格を取るか取らないかを選択し、企業がそれを採用するかどうかを選ぶゲームになります。企業は、採用しなかった場合を利得0として考え、高能力の者を採用すれば＋1、低能力の者を採用すれば－1であると考えます。次ページはこのゲームの木を表しています。

企業は、無資格の者が面接に来たとき、相手が高能力なら点 v_1 で、低能力なら点 v_2 で意思決定をしますが、応募者にはどちらで意思決定をしているかわかりませんので、同じ行動を選ばなければなりません。そこで、これらの点をグループ化して1つの点とみなします。このグループ（点の集合）を情報集合と呼びます。プレイヤーは、1つの情報集合で1つの行動を選びます。

資格は能力を示す情報となり得るか？

- 資格を取ることは確率的事象ではなく行動の選択と考える
- 低い能力の者は資格を取るためのコストxがかかると考える（高い能力の者はコストが非常に小さいと考える）

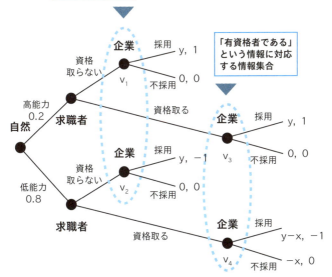

情報集合：企業は「資格を取っていない」「資格を取っている」ということはわかるが、能力が高いか低いかはわからない
　➡ 2つの点の集合のどちらで行動しているかがわからない
　➡ 2つの点の集合で同じ行動を選ばなければならない

69 資格が正しい情報となる条件

▶ ゲームの結果

x＞yのとき。低能力者は、たとえ企業に採用されても費用が便益を上回るために資格を取りません。これに対し、高能力者は資格を取ります。このとき有資格者である情報は高能力者の確率を100％に更新します。ゲームの結果は、「企業は有資格者を採用し、能力が高い者は資格を取得し、低い者は資格を取得しない」となります。

x＜yのとき。低能力者は、もし企業が有資格者を採用するならば資格を取ります。しかしそうすると企業は、有資格者であることは何ら情報を与えないため、能力の高い者が20％、低い者が80％であると事前確率で推測して期待利得を計算します。期待利得は−0.6になるので有資格者でも採用しません。企業が有資格者でも採用しないと考えると、能力の高い者も低い者も資格を取得しません。

この場合の結果は「企業は有資格者であっても採用せず、能力が高くても低くても資格を取得しない」となります。

▶ 事前確率による結果の違い

ここで、「そもそも能力が高い者の比率のほうが大きく80％である」として、再度考えてみましょう。x＜yのときで考えます。企業は、有資格者が高能力か低能力かがわからないときでも、期待利得が＋0.6になるため採用します。この場合、「企業は有資格者を採用し、能力が高い者も低い者も資格を取得する」と結果が変わります。x＞yのとき、「企業は有資格者を採用し、能力が高い者は資格を取得し、低い者は資格を取得しない」という結果は同じです。

コストと便益の差とゲームの結果

x＞yのとき

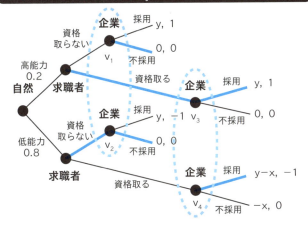

x＜yのとき

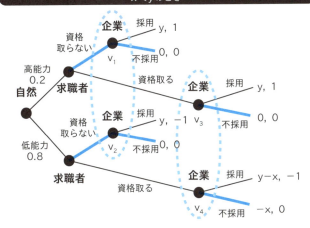

※企業には有資格者は来ないはずなので、合理的な推測が難しく、どのような推測をしても良い。その場合、ある予測では「採用しないほうが良い」となる

70 シグナリング、コスト、事前確率

▶ コストと事前確率

　ゲームの結果をまとめます。資格の有無で求職者の能力を判別するためには「能力の低い者にとって資格を取るコストが便益より大きい（x＞y）」ことが必要であるとわかります。また事前確率も結果に影響を及ぼします。

　能力の高い者の比率は少ないのに、資格の取得コストが能力の低い者に対しても小さいときは、能力の高い者さえ就職できません。これは、情報の非対称性によって良い品質の財も購入されない逆選択と同じことが起きている状況です。

▶ 資格の有無で属性を見分ける

　情報の非対称性がある場合に、情報をもつ側が属性を知らせる方法を<u>シグナリング</u>、情報をもたない側が属性を知る方法を<u>スクリーニング</u>と呼びます。両者とも、属性の違いを行動の選択の違いに結びつける（結びつけさせる）方法です。英語検定などの資格の有無を問うことは、情報の非対称性の問題を解決するための1つの方法です。

　ポイントは、属性の違いによって生じるコストや利得の相違を利用することです。もし、本当に資格の有無が能力の高低を表しているならば、有資格者に高い給料を払い、無資格者に低い給料を払うことで逆選択は回避できます。しかし、もし能力が低い者が給料の差額に比して簡単に資格を取ることができる（資格取得のコストが低い）ならば、能力の低い者も資格を取って高い給料を得ようとし、有資格者の「シグナル」は有効に機能しません。

シグナルを出すコストの差が重要

資格を取るコストに差があるとき

・能力の高い者は資格を取り、低い者は資格を取らない
・企業は有資格者を採用し、無資格者は採用しない

資格による能力の判別（シグナリング）が機能する

資格を取るコストに差がないとき

①高能力者である事前確率が低いとき
　・企業は有資格者も無資格者も採用しない
　・能力の高い者も低い者も資格を取らない

②高能力者である事前確率が高いとき
　・企業は有資格者も無資格者も採用する
　・能力の高い者も低い者も資格を取らない

資格による能力の判別（シグナリング）が機能しない

シグナリング　：情報をもつ例が、属性を知らせる
スクリーニング：情報をもたない例が、属性を知る

属性の違いによって生じるコストや便益の差を行動に結びつける

71 不完備情報ゲームとベイズ完全均衡

不完全情報ゲームと不完備情報ゲームの違い

68で考えた情報集合の概念を使うと、不確実性の有無に関係なく、相手が選んだ行動が完全にはわからないゲームを表現できます。このような「相手が選んだ行動が完全にはわからないゲーム」は不完全情報ゲームと呼ばれます。

また68では最初に自然という仮想プレイヤーの選択を考えて、企業は「自然が選んだ行動がわからない」とすることで、「企業の選択による利得が不確実である」ことを表現しました。このような、プレイヤーにとっての利得が不確実であるようなゲームを、不完備情報ゲームと呼びます。

不完備情報ゲームの解には、ベイズナッシュ均衡（戦略形ゲーム）、ベイズ完全均衡や逐次的均衡（展開形ゲーム）と呼ばれる概念が用いられます。

均衡の精緻化

ゲーム理論をさらに深めると、均衡の中から適切ではない均衡を判断する均衡の精緻化という考え方も学びます。

69において、資格取得のコストが低いとき（$x<y$）、「企業は有資格者であっても採用せず、能力が高くても低くても資格を取得しない」というゲームの結果が得られましたが、よく考えるとコストが高いとき（$x>y$）も、結果は均衡になります。しかし均衡の精緻化によって、この均衡は妥当ではないとして排除できます。

不完備情報ゲームとその解、均衡の精緻化などは、ここでは詳しく説明しませんが、いずれもゲーム理論における重要な概念です。

不完備情報ゲームとベイズ完全均衡

不完全情報ゲーム ➡ 相手が選んだ行動が完全にはわからないゲーム
不完備情報ゲーム ➡ プレイヤーにとっての利得などが不確実であるゲーム

不完備情報ゲームの解：
➡ ベイズナッシュ均衡（戦略形ゲーム）
➡ ベイズ完全均衡、逐次的均衡（展開形ゲーム）

均衡の精緻化
妥当ではない均衡を排除する理論
以下の結果は$x<y$だけではなく$x>y$でも成立するが……

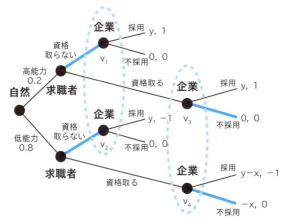

有資格者が来たとき、有資格者の能力を事前確率で推測すると採用時の期待値は-0.6なので、不採用としている
しかし、
➡ 高能力：資格を取得したとき、もし企業が採用するならば均衡利得0より大きくなる
➡ 低能力：資格を取得したとき、企業が採用でも不採用でも、$x>y$ならば均衡利得0を下回る

低能力の者が資格を取ることは決してないので、企業に有資格者が来たとき、それは低能力の者ではないと企業は推測できる（事前確率で推測してはいけない）
➡ 上記の均衡は$x>y$では成立しない（均衡の精緻化「直感的基準」）

72 マッチングとメカニズムデザイン

▶ 良い割り当て方法を考える

マッチング理論は、ゲーム理論において近年、非常に注目されている理論です。マッチング理論は「研修医をどこの病院にどのように配属するか」「公立学校へ入学を希望する生徒をどの学校に入学させるか」など、2つのグループ（研修医と病院、学校と生徒）のメンバーを、お互いの希望や好みを考慮して望ましく割り当てる理論です。ここではある企業において、一郎、二郎、三郎という3人をA、B、Cの3つの部署に配属するという問題を考えてみます。

3人は各部署への配属希望順位をもち、各部署も3人をどの順位で取りたいかという希望をもっているとします（次ページ）。また、各部署への配属は1人とします。マッチング問題は、このように（1）双方の相手に対する好みの順位（選好）、（2）割り当ての定員、の2つの要素からなります。

▶ パレート最適な割り当て

お互いの好みが分かっていると仮定して、どのような割り当てが良いか考えてみましょう。3人の部署への割り当てをマッチングと呼びます。まず次ページのマッチング1が、良い割り当てかどうかを考えてみましょう。

マッチング1以外の割り当てをすると、第1希望の部署に配属されている一郎か二郎のどちらかの希望順位が下がってしまいます。マッチング1のように「それ以上、全員を良くすることができないマッチング」を、パレート最適なマッチングと呼びます。パレート最適性は、マッチングが満たすべき最低限の基準であると考えられます。

マッチングの理論

マッチング理論とは？
2つのグループのメンバーを、お互いの希望や好みを考慮して望ましく割り当てる方法を考える理論

➡ 研修医の病院への配属（研修医と病院の希望をマッチさせる）
➡ 入学希望の生徒をどの公立学校に入学させるか（生徒と学校の希望をマッチさせる

（例）3人の個人と3つの部署

1：BAC ➡ 一郎は部署BACの順に配属を希望しているとする
（二郎はABC、三郎もABCの順）
部署Aは一郎、三郎、二郎の順（132）に来てほしいとする
（部署Bは213、部署Cも213の順とする）
1部署に必ず1人を割り当てる ➡ どのような割り当てが良いか？

マッチング1：一郎を部署B、二郎を部署A、三郎を部署Cに割り当て

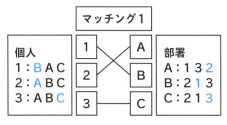

良いマッチングの基準…（1）パレート最適
それ以上、全員を良くすることができないマッチング

一郎と二郎は第1希望の部署に配属
➡ マッチング1以外の割り当ては、どちらかの希望順位が必ず下がる
➡ マッチング1はパレート最適（それ以上、全員を良くすることができない）

73 マッチングの安定性

▶ 不安定なマッチングとは？

パレート最適なマッチング1にも問題点があります。三郎と部署Aは、マッチング1に従わずにお互いに結びついたほうが両方の希望順位が上がります。このように「マッチングで結ばれていない人と部署が結びつくと、両方にとって好みの順位が上がる」とき、そのマッチングは不安定であるといいます。マッチングが不安定であれば、参加者は納得しないでしょう。そこでマッチングの基準として、マッチングが安定していることが望まれます。そのような安定マッチングは存在し、探し出すことは可能なのでしょうか？

▶ マッチングを実現するメカニズム

答えを提示する前に、もう1つ重要な問題を考えます。ここまでは「個人や部署の好みはわかっている」と仮定しました。しかし、実際にはその好みをいかに知り、どのようなルールで割り当てを行うかという問題があります。個人の好みを申告させ割り当てを実現するルールをメカニズムと呼びます。

現実によく用いられるメカニズムは、「個人の希望が競合するときは部署の優先順で配属を決める。また先に決まった個人を優先（第2希望より第1希望での割り当てを優先）する」方法です。この方法で割り当てを行ってみましょう。

各個人が自分の好みを正直に申告したとすると、二郎と三郎が部署Aを第1希望で志望します。そこで部署Aの優先順位の高い三郎がAに配属されます。二郎の第2志望はBですが、すでに一郎が第1志望でBに配属されているので、そちらが優先され、二郎は第3志望のCへ配属されます。

マッチングの安定性

不安定なマッチング

不安定なマッチング ➡ ある人とある部署がそのマッチングに従わずに結びついたほうが、両方にとって好みの順位が上がる

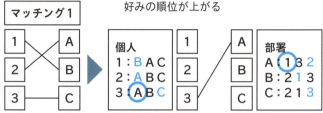

良いマッチングの基準…（2）安定性
あらゆる個人と部署のペアも、そのマッチングに比べて、両方の好みの順位が上がることはない

マッチングの実現

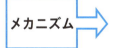 ➡ 希望順位を提出させ、それをもとにどのように割り当てるかを決めるルール

よく使われるメカニズム（通称「ボストン方式」）

- 個人に希望を提出させる
- 希望が競合するときは部署の優先順で配属を決める
- 割り当ての途中では、すでに決まっている個人を優先（第2希望で第1志望より良い人が来ても、部署は第1希望での割り当てを優先する）

上記の例に適用すると？
➡ 一郎はBを、二郎と三郎がAを第1希望で志望する
➡ 一郎はBに、三郎がAに配属
➡ 二郎の第2希望はBであるが、すでに一郎に決定済み
➡ 二郎は第3希望のCに配属

実現するマッチング

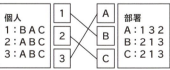

得られたマッチングは不安定
（二郎と部署Bが結びついたほうが両方の順位が上がる）

74 受入保留方式

▶ 戦略的な申告と混乱

さて、73のメカニズムで二郎は正直に自分の好みを申告するでしょうか？　二郎は、第2志望のBを第1志望だと偽って申告すれば、第3志望ではなく第2志望のBに配属されます。第1志望の人気が高いため、第2志望や第3志望を第1志望として申告する例は、よく見受けられます。しかし、このような個人の「戦略的行動」は混乱をもたらします。結果として人気のある部署の志望が少なくなり、良いマッチングが得られない可能性もあります。

▶ 受入保留方式による解決

受入保留方式は、この戦略的行動の問題を解決するとともに安定マッチングをも得る手順です。受入保留方式も、第1希望から順に個人を割り当て、希望が競合するときは部署の優先順で配属を決めるところまでは同じです。しかし、個人は第1志望が叶わない場合に、第2志望の部署にすでに割り当てられた人がいても、部署の優先順位が上位であれば優先され割り当てられます。割り当て過程の中でいったん部署への配属が決まっても、それは仮決定として受入は保留し、部署が優先する個人が後から来ればそちらを優先し、仮決定の個人は次の志望に回ります。すべての個人の割り当てが決まるまで作業は続きます。最終的に全員の割り当てが決まると、そのマッチングは安定マッチングとなっています。

またこの方法は、各個人が自分の希望を正しく申告することが弱支配戦略であり、好みを偽って申告しても自分の割り当てを良くすることはできないことが知られています。

受入保留方式によるマッチング

受入保留方式（ゲール・シャプレイアルゴリズム）

- 個人に希望を提出させ、希望が競合するときは部署の優先順で配属を決めるのは同じ
- 決定途中で部署が優先する個人が来ればそちらを優先し、現在決まっている個人は次の志望に回る
- すべての個人の配属が決まれば終了

先述の例に適用すると？

STEP1

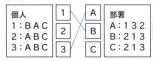

個人の第1志望を提出させる。
競合する部署Aは、2より3を優先し仮決定

STEP2

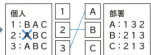

未所属の個人2は第2志望の部署Bへ
競合する部署Bは、1より2を優先し仮決定

STEP3

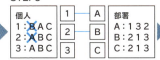

未所属の個人1は第2志望の部署Aへ
競合する部署Aは、3より1を優先し仮決定

STEP4

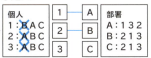

未所属の個人3は第2志望の部署Bへ
競合する部署Bは、3より2を優先し仮決定

STEP5

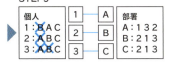

未所属の個人3は第3志望の部署Cへ回り
すべての個人の配属が決まり終了

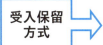

- 安定マッチングが得られる
- 個人は、正直に志望順位を申告することが弱支配戦略

75 耐戦略性、メカニズムデザイン、マーケットデザイン

▶ メカニズムの耐戦略性

　受入保留方式は計算手順（アルゴリズム）を示したもので、最終決定した割り当て結果だけが本人に通知されることに注意しましょう。仮決定が取り消されたことを本人が知るようなものではありません。

　受入保留方式において、各個人は他者がどのような申告をしても自分の希望を正しく申告することが、自分にとって悪くない戦略（弱支配戦略）であることが示されます。したがって、各個人は戦略的操作に走ることなく、個人の正しい情報に基づいて安定マッチングが得られます。

　このような自分の情報を正しく申告することが弱支配戦略であるメカニズムは、耐戦略性を満たすと呼ばれます。

　第3章で見たオークションもメカニズムの1つです。個人は財の評価額という自分の情報を申告し、誰にいくらで財を売るかという割り当てが決まります。すでに見たように、セカンドプライスオークション（40参照）も、自分の入札額を正直に申告することが弱支配戦略であり、耐戦略性を満たすメカニズムでした（41参照）。

▶ 良いメカニズムを設計する理論

　耐戦略性を満たすメカニズムのように、人々の戦略的行動を考慮して良いメカニズムを設計する理論は、メカニズムデザインと呼ばれます。またその理論を用いながら、さらに実験やシミュレーションなども交えて、現実の制度や市場を設計しようとする研究分野は、マーケットデザインと呼ばれます。いずれもゲーム理論に関連した注目の高い分野です。

メカニズムデザイン

メカニズムの耐戦略性

 → 他者がどんな申告をしても、自分の情報を正直に申告することが悪くない戦略（弱支配戦略）

耐戦略性は、個人の戦略的操作によるメカニズム（制度やルール）の混乱を防ぐ良い性質

耐戦略性を満たすメカニズム

- ➡ 受入保留方式
- ➡ セカンドプライスオークション

メカニズムデザイン

耐戦略性を満たすメカニズムのように、人々の戦略的行動を考慮し良いメカニズムを設計する理論

マーケットデザイン

メカニズムデザイン理論を用い、さらに実験やシミュレーションなども使い、現実の制度や市場を設計しようとする研究分野

混雑ゲームと
ポテンシャルゲーム

　首都高速で都心を抜けようとするとき、渋滞してはいるが最短距離を走るか、渋滞していない回り道を走るかで悩むことがあります。自分以外の人も同時に同じ問題に直面しているでしょう。このようなゲームは混雑ゲームと呼ばれます。
「今日は静かなバーで飲みたいな……」と思うときに、雰囲気が良いが人気がある店と、少し雰囲気は劣るがいつも空いているバーのどちらを選ぶか。これも混雑ゲームです。
　混雑ゲームでは、人々が異なる行動を選んで「棲み分け」を行うことがナッシュ均衡になります。上記の例だと、近道の道路や雰囲気の良いバーを相対的に多くの人が選び、それ以外を少数の人が選んで棲み分けをします。
　混雑ゲームは、ポテンシャルゲームと呼ばれる特殊なゲームになることが知られています。このゲームには、人々が行動を選んだ結果に「ポテンシャル」と呼ばれる値が対応し、そのポテンシャルが最大になるところがナッシュ均衡になります。

第 6 章

大きく広がるゲーム理論

76 新しいゲーム理論

▶ 完全に合理的なプレイヤー

　ここまでのゲーム理論では、過去のすべての出来事を記憶し、起こりうるすべての場合を計算して比較する「全知全能な」プレイヤーを想定してきました。またプレイヤーは、自らの好みを知り、利己的であるとされています。

　実際のプレイヤー（人間）は、このように完全に合理的ではないことは誰でも知っています。そうした批判は簡単ですが、それに代わる「汎用性の高い」「一般的な」理論を作ることは難しく、いくつかの理論が作られましたが、いずれも廃れていきました。個々の人が個々の意見で思いついて作る理論は、研究成果を積み重ねて多くの人の知を集積するような学問とはならず、発展しなかったのです。

▶ 物理学の摩擦のない面

　完全合理的なプレイヤーの想定は、物理学の「摩擦のない面」にたとえられます。現実には「摩擦のない面」は存在しませんが、基本となる単純化された設定で理論をまず構築し、摩擦や空気抵抗などの現実要素を少しずつ加えて、現実の現象に近づけていきます。完全合理的で利己的なプレイヤーを想定する「伝統的なゲーム理論」も、このようなものです。

　現代のゲーム理論の研究は、「伝統的なゲーム理論」をもとにして、実験や実証を通じ、どの仮定をどのように変更すれば現実の現象に近づいていくかを考えたり、人間以外の生物や計算機に応用したりするなど、新しい方向に向かっています。第6章では、これらの新しい研究のトピックについて、少し紹介したいと思います。

新しいゲーム理論

伝統的なゲーム理論

- プレイヤーは過去のすべての出来事を記憶している
- 無限の計算能力をもつ
- 自らの好みを知り、その好みを達成することを目標とする

現実には？

- 限られた過去しか記憶していない
- 限られた計算能力しかない
- 自分の行動の結果や好みがはっきりとわからない

伝統的なゲーム理論は、役に立たない！？

千差万別の「限定合理性」

- 1つ前の出来事しか記憶できないプレイヤー
- 他者の利得を自分が犠牲にならない程度に考慮する

いくらでもできる！

個人の思いつきや意見ではなく、どのように知を集積し、学問と発展させていくかが重要

進化ゲーム理論
- 生物に適応し生物の進化論との相互発展

マルチ・エージェントシミュレーション
- コンピュータを用いたシミュレーション

完全合理的なプレイヤーを考える伝統的なゲーム理論

- 模倣や学習を考える

人工知能との発展
機械学習
帰納的ゲーム理論

- 実験結果から理論を修正

行動ゲーム理論
実験経済学

77 進化ゲーム理論

▶ 生物の進化を捉えることからスタート

進化ゲーム理論は、もともとは生物の進化をゲーム理論の枠組みで捉えることを目的として作られました。

そこでは、各プレイヤーが自ら合理的に行動を選択するのではなく、遺伝的に決められた行動を選択します。そして、自分と同じ行動や違う行動を取る他のプレイヤーと出会い、ゲームをします。これにより、各行動を選ぶプレイヤーの比率が、各プレイヤーが獲得する利得に影響します。この利得は環境への適応度を表し、より高い利得を獲得したプレイヤーは、自分と同じ行動をする子孫を多く残します。これにより、各行動を取るプレイヤーの比率が少し変化します。

以上を繰り返し、最終的に長い時間が経った後で、「各行動を取るプレイヤーの比率がどのようになるか」「どの行動が淘汰され、どの行動が選択されるか」を調べるものです。

▶ 社会科学における発展

近年の進化ゲームは、多人数からなる社会や経済の現象を説明する理論としても発展しています。これらの進化ゲーム理論には、多くの理論があります。

共通する特徴としては、ほとんどのプレイヤーは前の期間と同じ行動を取り続け（慣性）、相対的に高い利得を得た行動をするプレイヤーが増えます（選択と淘汰）。またわずかなプレイヤーはランダムに行動をします（突然変異）。そして長期における最終的な行動の比率（定常状態）や、その比率の安定性を調べます（進化的安定性）。

進化ゲーム理論

進化ゲーム

元来は、生物の進化をゲーム理論の枠組みで説明しようとする試み

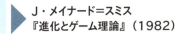

J・メイナード＝スミス
『進化とゲーム理論』（1982）

生物の進化への適用

プレイヤーは利得の高い行動を自ら選択しようとする伝統的なゲーム理論とは異なる

① 遺伝的に種が選ぶ行動が決まる
② 同じ行動を選ぶ種や異なる行動を選ぶ種とゲームを行い、利得を得る
③ 高い利得を得た行動をする種は増加
　低い利得を得た行動をする種は減少

長期間経過後
最終的に安定的となる行動は？　➡　1つの行動となるか？
　　　　　　　　　　　　　　　　　複数の行動が共存するか？

社会科学への進化ゲームの適用（神取、メイラス、ロブ〈1993〉他）

- プレイヤーは同じ行動を一定期間選ぶ（慢性）
- 前の期間に高い利得を得た行動を真似る（模倣、学習）
- デタラメな行動をするプレイヤーが少数出現する（突然変異、ノイズプレイヤー）
- 長期間経過後に、淘汰されず選択される行動を考える（定常状態・進化的安定性）

78 コンピュータとゲーム理論

▶ 計算機科学との関係

　ゲーム理論は長い間、経済学を中心とする社会科学において、さまざまな現象を描写して理解するための道具として使われてきました。しかし、近年はコンピュータやインターネットのさまざまな分野に応用されるようになっています。

　ゲーム理論を作った数学者フォン・ノイマンは、コンピュータの父とも呼ばれ、現在のコンピュータの原型を作ったともいわれています。その意味で、コンピュータとゲーム理論には共通する点が多くあり、今後も計算機科学分野での研究は一層盛んになると思われます。

▶ コンピュータとネットワークへのさまざまな応用

　コンピュータとゲーム理論といわれてまず思い浮かぶのは、将棋や囲碁などのゲームに強いプログラムの開発です。将棋や囲碁は交互ゲームですので、原理的にはバックワードインダクションで解けるのですが、手数が膨大となり完全計算は不可能です。そのため、どのような技術を用いて強いプログラムを作るのかが問題となっています。

　オークションやショッピングサイトなどのインターネット上のシステムでは、ユーザーが自分だけが得をするように行動し、それが問題を生じさせます。前章で紹介したメカニズムデザインの理論は、ユーザーが戦略的に行動してもシステムがうまく機能するためのシステム設計をサポートします。

　人間の集団の複雑な行動を計算機で実現し、シミュレーションなどで予測する研究はマルチエージェント・シミュレーションと呼ばれ、ゲーム理論と深い関係があります。

コンピュータとゲーム理論

フォン・ノイマン

ゲーム理論の創始者
コンピュータの父

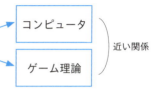

コンピュータもゲーム理論もフォン・ノイマンによって作られた

計算機科学におけるゲーム理論

● **本当の「ゲーム」とコンピュータ**
　　―― 将棋、囲碁、オセロなど……
　　機械学習、深層学習……
　　（勝敗がはっきりする「ゼロサムゲーム」への応用は「ゲーム」より「最適化」に近い）

● **マルチエージェント・シミュレーション**
　　―― 複数のコンピュータの特にネットワーク上での相互作用を考えたり、コンピュータ上に仮想的複数の個人の行動を作り出しシミュレーションしたりする（物流、渋滞、避難、スポーツなどへの応用）

● **メカニズムデザイン**
　　―― オークション、ショッピングサイト、マッチングなど、コンピュータやネットワーク上で動くシステムに人や計算機の戦略的行動を考慮して設計する

79 実験経済学と行動ゲーム理論

▶ 実験ができない社会科学

　経済学などの社会科学が自然科学と異なる点は、実験ができないところだといわれてきました。しかし最近は、日常生活の中に試験的に新しい制度やシステムを導入して、その結果を調べる社会実験が実施されるようになってきています。

　それに加え、経済学が多くの細かい理論の統合体として構築されていることを考えると、その1つひとつの「部品」である個別の理論を実験することは可能です。このような考えから、経済学で用いられている理論の実験可能な部分を、実験で検証しようとするのが、実験経済学です。

　特にゲーム理論はこのような実験に適していることはおわかり頂けると思います。たとえば、囚人のジレンマに対する実験は古くから、膨大な数の研究があります。この他にも、ここまでに紹介した、チキンゲーム、オークション、最後通牒ゲームでは、多くの実験が行われてきました。ゲーム理論を実験と検証によって発展させていこうとするこのような試みは、ゲーム理論の応用範囲が経済学に限らないことを考えて行動ゲーム理論と呼ばれるようにもなってきました。

▶ 知の集積

　進化ゲーム理論にしても、行動ゲーム理論にしても、研究される分野はもはや経済学だけではなく、社会心理学、情報科学、生物学、認知科学などの多岐に及んでいます。ゲーム理論は、学問領域を超えた学際研究として発展し続けているのです。

社会科学と実験

昔

実験による再現性
→ 自然科学ー可能
→ 社会科学ー不可能

現在

社会実験、実験経済学……
➡ 社会科学への実験の導入

生物の進化、宇宙と地球の起源
➡ 自然科学でも実験が不可能な分野もある

行動ゲーム理論

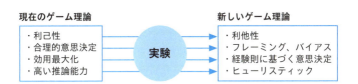

現在のゲーム理論
- 利己性
- 合理的意思決定
- 効用最大化
- 高い推論能力

実験

新しいゲーム理論
- 利他性
- フレーミング、バイアス
- 経験則に基づく意思決定
- ヒューリスティック

現在のゲーム理論を実験により検証し、修正することで、より現実に近い理論を作る

80 もう1つのゲーム理論 ——協力ゲーム

個人が単位か、提携が単位か

ここまで見てきたゲーム理論では、個人が選んだ戦略の組み合わせを社会全体の結果であると考えています。このような理論は、ゲーム理論の中でも非協力ゲームの理論と呼ばれています。これに対して、フォン・ノイマンとモルゲンシュテルンは、3人以上の社会を記述するための重要な要素は、個人ではなく提携であると考えました。提携をその構成単位として考えるこの理論は、協力ゲームの理論と呼ばれます。

ゲーム理論は初期の頃から、非協力ゲームと協力ゲームという2つの理論を柱に発展してきました。「非協力」「協力」という名前の印象から誤解されることも多いのですが、非協力ゲームでも個人がどのように協力するか(囚人のジレンマなど)というテーマを扱いますし、協力ゲームでも競争や紛争について論じます。

統合は大きなテーマ

最近は非協力ゲーム理論のほうが注目されており、ゲーム理論という言葉が非協力ゲームだけを指している場合もあるくらいです。しかし、1960年代まではむしろ、協力ゲームの研究のほうが盛んでしたし、現在も活発に行われています。双方の理論を研究し統合しようという試みは、ゲーム理論研究の大きなテーマでもあります。

このようにゲーム理論は大きく広がりをもっており、現在もまだ発展途上中の学問です。興味をもたれた方は、他のゲーム理論の本を手に取り、勉強を続けてみてください。

協力ゲームの理論

```
ゲーム理論 ─→ 非協力ゲーム ← 本書が扱ったゲーム理論
         └→ 協力ゲーム
```

協力ゲームとは？

①プレイヤーの提携に注目
②提携ごとに与えられる利益や費用がある
③合意された利益や費用は必ず実行されるような拘束的合意がある

応用例
費用分担
利益分配
政党のパワー分析　など

協力ゲームの例

A、B、Cの3人がタクシーで帰る場合
1人で帰る ➡ A：3,000円、B：5,000円、C：6,000円
2人で相乗り ➡ AとB：6,000円、BとC：9,000円、
　　　　　　　 AとC：8,000円
3人で相乗り ➡ 1万円

▼

3人で相乗りしたほうがいいが、どのように金額を割るか？

協力ゲームの解
　コア、シャープレイ値、仁、カーネル、交渉集合

詳しくはゲーム理論のテキストを！

シャープレイ値と投票力指数

　第6章で紹介した協力ゲームは、非協力ゲームのナッシュ均衡と異なり、さまざまな解が提案されています。協力ゲームでは提携（プレイヤーの集合・グループ）が獲得する利益と、その分配が問題となります。あるプレイヤーが提携に加わったとき、その提携の利益がどのくらい増えたかを「限界貢献度（提携への貢献度）」と呼びます。限界貢献度の平均値を利益の配分とする考え方を、シャープレイ値と呼びます。

　政党政治では、政党が提携して過半数を取れば議案を通すことができます。政党の提携が「過半数未満ならばその提携の利益は0で、過半数以上ならば1」とすると協力ゲームになります。これを投票ゲームと呼びます。この場合の政党のシャープレイ値は、「過半数未満の提携にその政党が加わったことで過半数を超える場合」がいくつあるかを数えたものと同等になります。これを「シャープレイ・シュービック投票力指数」と呼び、政党のパワーを測るために使われます。

文 献 案 内

　本書を読んで、さらに深くゲーム理論を勉強してみたい方のために、目的別にいくつかの本を紹介しておきます。

　ゲーム理論を学習するための入門テキストとして、以下の3つをお薦めします。
- 渡辺隆裕（著）『ゼミナール ゲーム理論入門』（2008）日本経済新聞出版社
- 船木由喜彦（著）『はじめて学ぶゲーム理論』（2014）新世社
- 岡田章（著）『ゲーム理論・入門 ── 人間社会の理解のために 新版』（2014）有斐閣

最初の本は私の著書で、初めてゲーム理論を学ぶテキストとして定評があります。2番目の本は協力ゲームにも詳しい入門書です。3番目の本は柔らかくゲーム理論の考え方を紹介しています。

　入門向けの演習書として次の本をお薦めします。上記の岡田氏のテキストと連動しています。
- 岡田章他（著）『ゲーム理論ワークブック』（2015）有斐閣

ビジネスや日常の意思決定としてゲーム理論的思考を身につけたいという方には、次の3つの本をお薦めします。
- 梶井厚志（著）『戦略的思考の技術 —— ゲーム理論を実践する』（2002）中公新書
- 松井彰彦（著）『高校生からのゲーム理論』（2010）ちくまプリマー新書
- A・ディキシット、B・ネイルバフ（著）『戦略的思考をどう実践するか —— エール大学式ゲーム理論の活用法』（2010）CCCメディアハウス

経済学の観点からゲーム理論を学びたい人は、以下の本は必読です。
- 神取道宏（著）『ミクロ経済学の力』（2014）日本評論社

本格的にゲーム理論を勉強したい人、ゲーム理論の数理に興味がある人、ゲーム理論の研究者になりたい人は、次の本に挑戦してみると良いでしょう。やや上級者向けのテキストです。
- 岡田章（著）『ゲーム理論 新版』（2011）有斐閣

ゲーム理論の歴史やそれを取り巻く人物に興味があるなら、次の2つの本がお薦めです。前者はフォン・ノイマンを中心に、ゲーム理論の黎明期を理論の入門的解説とともに叙述した傑作です。後者はナッシュの半生記を綴った本で、2002年アカデミー賞受賞の映画「ビューティフル・マインド」の原作（翻訳）です。

- W・パウンドストーン（著）、松浦俊輔他（訳）『囚人のジレンマ──フォン・ノイマンとゲームの理論』（1995）青土社
- S・ナサー（著）、塩川優（訳）『ビューティフル・マインド──天才数学者の絶望と奇跡』（2013）新潮文庫

　もっと詳しい情報を知りたい人は、私のホームページhttp://www.nabenavi.net/の中の「ゲーム理論のナビゲータ」のページを参考にしてください。ゲーム理論の本の紹介、日本と世界の研究者やゲーム理論関連のリンク、私の講義ノートやスライドなどがあります。

渡辺隆裕（わたなべ・たかひろ）

東京都立大学経済経営学部教授、博士（工学）。
1964年北海道生まれ。87年東京工業大学工学部経営工学科卒業、89年東京工業大学理工学研究科経営工学専攻修士課程修了。同年東京工業大学工学部社会工学科助手、98年岩手県立大学総合政策学部助教授、2002年東京都立大学経済学部助教授、05年首都大学東京都市教養学部経営学系教授、2018年より現職。
主な著書に『ゼミナール ゲーム理論入門』（日本経済新聞出版社、2008年）『一歩ずつ学ぶゲーム理論』（裳華房、2021）などがある

日経文庫 1939

ビジュアル
ゲーム理論

2019年4月15日　1版1刷
2024年3月28日　　　　3刷

著　者	渡辺　隆裕
発行者	國分　正哉
発　行	株式会社日経BP 日本経済新聞出版
発　売	株式会社日経BPマーケティング 〒105-8308　東京都港区虎ノ門4-3-12
印刷・製本	広研印刷
装丁・本文デザイン	尾形　忍（Sparrow Design）
カバーイラスト	加納徳博
DTP	マーリンクレイン

ISBN 978-4-532-11939-3
© Takahiro Watanabe, 2019

本書の無断複写・複製（コピー等）は著作権法上の例外を除き、禁じられています。購入者以外の第三者による電子データ化および電子書籍化は、私的使用を含め一切認められておりません。本書籍に関するお問い合わせ、ご連絡は下記にて承ります。
https://nkbp.jp/booksQA

Printed in Japan